Kohlhammer

Wie verkaufe ich mein Unternehmen richtig?

Ein Praxisratgeber für Familienunternehmer und Familienunternehmen

von
Dr. Andreas Wagenseil, RA/StB
Dr. Freddy Kedak, RA/FAfH&GesR
Katharina Grote, StB/WP

Herausgegeben von
Dr. Freddy Kedak
Dr. Andreas Wagenseil

Verlag W. Kohlhammer

1. Auflage 2026

Gesamtherstellung: W. Kohlhammer GmbH, Heßbrühlst. 69, 70565 Stuttgart
produktsicherheit@kohlhammer.de

Print:
ISBN 978-3-17-046235-9

E-Book-Formate:
pdf: ISBN 978-3-17-046236-6
epub: ISBN 978-3-17-046237-3

Inhalt

Vorwort

Dieser **Praxisratgeber** richtet sich an **Inhaber** von **Familienunternehmen** sowie an die weiteren Entscheidungsträger in mittelständischen Familienunternehmen, die den **Verkauf** ihres **Unternehmens** vorbereiten und rechtlich fundiert umsetzen möchten. Er bietet einen **Überblick** über die **wesentlichen Aspekte**, die bei einem Verkauf des Familienunternehmens beachtet werden sollten – von der ersten strategischen Entscheidung über den Vollzug des Kaufvertrages bis zur operativen Unternehmensübergabe.

Dementsprechend wird nicht die ausführliche Darstellung komplexer Meinungsstreitigkeiten in der Fachliteratur und die Herleitung dogmatischer Grundprinzipien im Vordergrund dieses Ratgebers stehen. Vielmehr soll sich der Leser mithilfe dieses Bandes einen ersten Überblick über die **maßgeblichen Aspekte** und **Problemstellungen** des Unternehmensverkaufs verschaffen können. Dieser Ansatz umfasst sowohl die rechtlichen als auch die steuerlichen Aspekte und soll als Wegweiser durch die in vielerlei Hinsicht komplexe Materie eines Unternehmensverkaufs führen.

Dieser Prozess bringt nicht nur wirtschaftliche, sondern auch **rechtliche** und **emotionale Herausforderungen** mit sich. Nicht jeder Verkaufsweg ist für jedes Familienunternehmen sinnvoll oder rechtlich praktikabel. So können etwa rechtliche Beschränkungen in Gesellschaftsverträgen, fehlende Zustimmungspflichten oder steuerliche Nachteile bestimmte Optionen ausschließen. Gerade in Familienunternehmen, die in mehreren Familienstämmen organisiert sind, ist ferner die unter diesen Stämmen notwendige **Kommunikation** ein entscheidender Faktor, um den Verkauf zum Erfolg zu bringen.

Besondere Aufmerksamkeit verdienen dabei die folgenden Überlegungen:

- Auswahl geeigneter Verkaufsformen (Asset Deal vs. Share Deal)
- Rechtliche und steuerliche Rahmenbedingungen, Unternehmensbewertung und Kaufpreisfindung
- Gestaltung von Garantien, Haftung und Kaufpreisabsicherungen
- Einbindung externer Berater (Rechtsanwälte, Steuerberater, M&A-Berater).

Das Werk begrenzt sich, soweit auf **spezifische Rechtsformen** eingegangen wird, auf die Darstellungen der **GmbH** und von **Personengesellchaften**, da es sich hierbei um die Rechtsformgestaltung handelt, die im Bereich der mittelständischen Familienunternehmungen am häufigsten gewählt wird.

Zur **besseren Lesbarkeit** und **Verständlichkeit** dieses Buches wurde auf die explizite Verwendung von **männlichen** und **weiblichen Personenbezeichnungen** verzichtet. Alle verwendeten Begriffe gelten gleichermaßen für beide Geschlechter und schließen auch diverse Geschlechtsidentitäten ein.

Dr. Andreas Wagenseil, RA/StB
Dr. Freddy Kedak, RA/FAfH&GesR
Katharina Grote, StB/WP

Abkürzungsverzeichnis

aA	anderer Ansicht
ABl.	Amtsblatt
Abs.	Absatz
abzgl.	abzüglich
aE	am Ende
aF	alte Fassung
AfA	Absetzung für Abnutzung
AG	Aktiengesellschaft / Amtsgericht
AGBGB	Gesetz zur Ausführung des Bürgerlichen Gesetzbuches
AktG	Aktiengesetz
Anh.	Anhang
Anm.	Anmerkung
AO	Abgabenordnung
Art.	Artikel
AStG	Außensteuergesetz
Aufl.	Auflage
ausf.	Ausführlich
Az.	Aktenzeichen
BAG	Bundesarbeitsgericht
BayObLG	Bayerisches Oberstes Landesgericht
BB	Betriebsberater (Zeitschrift)
Bearb.	Bearbeiter
BeckOK	Beck'scher Onlinekommentar
Beil.	Beilage
BeurkG	Beurkundungsgesetz
BewG	Bewertungsgesetz
BFH	Bundesfinanzhof
BGB	Bürgerliches Gesetzbuch
BGBl. I / II	Bundesgesetzblatt I / II
BGH	Bundesgerichtshof

BGHZ	Sammlung der Entscheidungen des Bundesgerichtshofes in Zivilsachen
BMF	Bundesministerium der Finanzen
BR-Drucks.	Bundesrats-Drucksache
BStBl. I / II	Bundessteuerblatt I / II
BT	Bundestag
BT-Drucks.	Bundestag – Drucksache
BVerfG	Bundesverfassungsgericht
bzw.	beziehungsweise
DB	Der Betrieb (Zeitschrift)
DStR	Deutsches Steuerrecht (Zeitschrift)
EBIT	Earnings before interest and taxes
EBITDA	Earnings before interest, tax, depreciation and amortization
EFG	Entscheidungen des Finanzgerichts
EG	Europäische Gemeinschaft
EGBGB	Einführungsgesetz zum Bürgerlichen Gesetzbuch
Einf.	Einführung
ErbStG	Erbschaft- und Schenkungssteuergesetz
EStG	Einkommensteuergesetz
EUR	Euro
eV	eingetragener Verein
evtl.	eventuell
f., ff.	folgend(e), fortfolgend(e)
FG	Finanzgericht
FGG	Gesetz über die freiwillige Gerichtsbarkeit
FormB	Formularbuch
GBO	Gewerbeordnung
GbR	Gesellschaft bürgerlichen Rechts
gem.	gemäß
GesR	Gesellschaftsrecht
ggf.	gegebenenfalls
GmbH	Gesellschaft mit beschränkter Haftung
GmbHG	Gesetz betreffend die Gesellschaft mit beschränkter Haftung
GrEStG	Grunderwerbsteuergesetz
HGB	Handelsgesetzbuch
hM	herrschende Meinung

idR	in der Regel
IDW	Institut der Wirtschaftsprüfer
insbes.	insbesondere
InsO	Insolvenzordnung
iSd	im Sinne des / der
iVm	in Verbindung mit
KG	Kommanditgesellschaft
KGaA	Kommanditgesellschaft auf Aktien
KMU	Kleine und mittlere Unternehmen
krit.	Kritisch
KStG	Körperschaftsteuergesetz
LuF	Land- und Forstwirtschaft
max.	maximal
mE	meines Erachtens
mind.	mindestens
Mio.	Million
MoPeG	Gesetz zur Modernisierung des Personengesellschaftsrechts (MoPeG)
mwN	mit weiteren Nennungen
nF	neue Fassung
NJW	Neue Juristische Wochenschrift
Nr.	Nummer
NWB	Neue Wirtschaftsbriefe (Zeitschrift)
NZG	Neue Zeitschrift für Gesellschaftsrecht
OHG	Offene Handelsgesellschaft
OLG	Oberlandesgericht
RG	Reichsgericht
RGZ	Sammlung der Entscheidungen des Reichsgerichts in Zivilsachen
Rn.	Randnummer
Rspr.	Rechtsprechung
S.	Seite
s.	siehe
sog.	sogenannte(n)
StBg.	Die Steuerberatung (Zeitschrift)
SteuerR	Steuerrecht

Teilbd.	Teilband
Tz.	Textziffer
UG	Unternehmergesellschaft
USt.	Umsatzsteuer
UStG	Umsatzsteuergesetz
uU	unter Umständen
v.a.	vor allem
VO	Verordnung
Vorb.	Vorbemerkung
vs.	versus
Ziff.	Ziffer
zzgl.	zuzüglich

Literatur

Dr. Michael Brauer / Philipp Baumeister M.Sc., Versteuerung von „Earn-out-Zahlungen“ bei Veräußerung eines Mitunternehmeranteils, WPg 2024, 965

I. Verkauf des Unternehmens als Teil der Nachfolgegestaltung

1. Welche Ziele können mit dem Verkauf des Unternehmens verfolgt werden?

Bevor der mittelständische Familienunternehmer darüber nachdenkt, sein Unternehmen an Dritte zu veräußern, hat sich dieser regelmäßig schon weitreichende Gedanken dazu gemacht, wie und ob, die Nachfolge innerhalb der Familie oder eines Familienstammes rechtlich und steuerlich bewerkstelligt werden könnte. Hierzu sei den geneigten Lesern das Werk aus der Reihe Praxisratgeber Familienunternehmer **„Wie vererbe ich mein Unternehmen richtig“**, nahegelegt.

Erst wenn eine interne Lösung zur Nachfolge mangels vorhandener, gewillter oder geeigneter Nachfahren nicht möglich ist und auch eine **Stiftungslösung** nicht in Betracht kommt, wird der Unternehmer eine externe Lösung in Betracht ziehen und sich mit einem **Verkauf** des Unternehmens beschäftigen. Dabei ist zu beachten, dass die unternehmerische Nachfolgeplanung sich bei Familienunternehmen häufig nicht nur auf die eigenen Angehörigen auswirkt, sondern oftmals durch das jahrelange Bestehen des Unternehmens auch einen erheblichen Einfluss auf die Mitarbeiter, Lieferanten und die sonstigen Geschäftspartner am Sitz der Heimatregion hat. Ein **misslungener Verkauf** des Unternehmens kann damit das Leben vieler Menschen beeinflussen und sollte mit einem guten Maß an **unternehmerischer Verantwortung** vorbereitet und durchgeführt werden.

Gerade deshalb ist der Verkauf eines Familienunternehmens regelmäßig eine der strategisch und emotional **bedeutendsten Entscheidungen** im Unternehmerleben. Er markiert häufig nicht nur das **Ende einer Ära**, sondern auch den Übergang zu einer neuen Eigentümerstruktur, die das Unternehmen langfristig prägt. Während die familieninterne Nachfolge den Fortbestand innerhalb der Familie sichert, stellt der Verkauf an Dritte eine externe Nachfolgelösung dar, die rechtlich, steuerlich und strategisch besonders **sorgfältig vorbereitet** werden muss.

Am Anfang des Verkaufsprozesses steht immer zunächst die Überlegung des Unternehmenden, wie dieser am Ende des Verkaufsprozesses noch mit dem Unternehmen verbunden sein möchte. Neben der Möglichkeit das Unternehmen **komplett zu veräußern** und dem Käufer zu überlassen, stehen auch Möglichkeiten der **künftigen Einflusssicherung** im Raum. Oftmals machen es die Käufer auch zur **Bedingung**, dass der **Familienunternehmer** als **Know-how-Träger**, dem Unternehmen für eine **Übergangsphase** von sechs Monaten bis zu zwei Jahren, weiterhin operativ oder zumindest als **Berater** zur Verfügung steht. Insoweit ist es für den Unternehmer auch nicht unwichtig zu beachten, dass er – zumindest für den unmittelbaren Zeitraum direkt nach dem Verkauf des Unternehmens – zunächst keine Weltreise einplanen sollte.

Bei der Vorbereitung des Unternehmensverkaufs spielen ferner steuerliche Aspekte eine Rolle, namentlich die Frage, ob der **Kaufpreis** komplett nach der Transaktion oder gestreckt über mehrere **Tranchen**, über einen längeren Zeitraum an den Unternehmer gezahlt werden soll. Wird der Kaufpreis gestreckt und über einen längeren Zeitraum gezahlt, kann dies zwar steuerlich die bessere Option sein, rein tatsächlich besteht jedoch das **Risiko**, dass der Käufer – ganz unabhängig davon, ob diese berechtigt sind oder nicht – **Kaufpreiseinbehalte** geltend macht, sollte das Unternehmen nicht den erhofften wirtschaftlichen Erfolg bringen.

Hier kann der Verkäufer durch sein Mitwirken und einen guten Post-Merger-Integrationsprozess, erheblich zum weiteren Erfolg des Unternehmens beitragen, womit dieses Risiko potenziell minimiert wird. Denn nichts ist unangenehmer als sich direkt nach dem Verkauf des Unternehmens eines Gerichtsverfahrens (**Post-M&A Litigation**) ausgesetzt zu sehen.

2. Wie kann der Einfluss in dem Unternehmen gesichert werden?

a) Erhalt eines Mehrheitsanteils?

Am Anfang des Verkaufsprozesses steht regelmäßig die grundsätzliche strategische Entscheidung, ob der Unternehmer sein Unternehmen vollständig veräußern oder durch eine Beteiligung oder beratende Tätigkeit weiterhin Einfluss behalten möchte. Eine **vollständige Veräußerung** führt zum sofortigen **Kontroll- und Einflussverlust**, eröffnet aber die Möglichkeit einer **klaren Trennung** von unternehmerischer Verantwortung und persönlicher Lebensplanung.

Alternativ kann eine gestreckte Übergabe erfolgen, etwa durch den **sukzessiven Verkauf** von Anteilen oder den Verbleib des Unternehmers als Berater für eine Übergangszeit. Solche Modelle sind vor allem bei mittelständischen Unternehmen verbreitet. Möchte der Familienunternehmer, im Rahmen einer über mehrere Jahre geplanten Übergabe an einen neuen Gesellschafter, zunächst noch seinen Einfluss behalten, könnte es sich anbieten, zunächst nur einen Teil des Unternehmens zu veräußern und weiterhin die Gesellschaftermehrheit zu behalten. Durch **geschickte Gestaltung des Gesellschaftsvertrages** könnte so sichergestellt werden, dass der Familienunternehmer weiterhin auf Gesellschafterebene **entscheidungsbefugt** bleibt und dennoch durch den Teilverkauf eines Gesellschaftsanteilspakets bereits eine gewisse **Nachfolge einleitet.**

Hier bestünde dann zum einen für den **neuen Gesellschafter** die Möglichkeit, als Gesellschafter bereits **unternehmerisch beteiligt** zu werden, ohne aber sofort den Kaufpreis für das gesamte Unternehmen aufbringen zu müssen. Der Unternehmer muss sich für diesen Fall aber klar machen, dass für einige Entscheidungen auf Gesellschafterebene eine **qualifizierte Stimmenmehrheit** (Dreiviertelmehrheit) vorgesehen sein kann und in einigen gesetzlichen Fällen vorgesehen ist. Will er eine komplette Entscheidungsbefugnis beibehalten, so müsste er weiterhin eine Beteiligung von über **75 % halten.**

Praxishinweis:
Selbst bei einer entsprechend niedrigen Beteiligung unter 25 %, wird der Käufer versuchen, sich im Gesellschaftsvertrag sog. **Vetorechte** einräumen zu lassen. Diese sind unabhängig von der Kapitalbeteiligung zu beachten und können die Gesellschaft im schlimmsten Falle lahmlegen. Hier ist eine sorgfältige und gewissenhafte Vertragsgestaltung, die auch Lösungen für künftige **Pattsituation** vorsieht, entscheidend. Wie wird der Veräußerungserlös bei einer Personengesellschaft („Mitunternehmerschaft") besteuert?

b) Erhalt einer Sperrminorität

Bleibt der Unternehmer nach dem Verkauf mit mindestens **25,1 %** beteiligt, sichert er sich eine **Sperrminorität.** Damit kann er Beschlüsse verhindern, die eine qualifizierte Mehrheit erfordern – insbesondere **Satzungsänderungen** oder die Auflösung der Gesellschaft (§ 60 Abs. 1 Nr. 2 GmbHG). Durch vertragliche Gestaltung im Gesellschaftsvertrag kann der Schutzbereich dieser Sperrminorität erweitert werden, etwa auf **Kapitalmaßnahmen** oder **Strukturentscheidungen**.

c) Erhalt einer Minderheitsbeteiligung

Möchte sich der Unternehmer ein Mindestmaß an Einfluss sichern, so wird ihm zu empfehlen sein, nach dem Verkauf noch mindestens **10 %** der Geschäftsanteile zu halten. Dieses **Quorum** ist notwendig, um gem. **§ 50 Abs. 1, 2 GmbHG** ein **Einberufungsverlangen** mit der Anmeldung von Beschlussgegenständen zur Tagesordnung anzumelden und soweit diesem nicht entsprochen wird, **selbst** zu einer Gesellschafterversammlung **zu laden** und diese abzuhalten. Dies stellt, gerade wenn zwischen Mehrheitsgesellschafter, der oftmals zusätzlich als Geschäftsführer bestellt ist, und dem Minderheitsgesellschafter ein Konflikt besteht, ein **scharfes Schwert** zur Überwachung der Geschäftsführung dar.

3. Reine Managementnachfolge als Alternative?

Alternativ zu den eben dargestellten Möglichkeiten bliebe auch die Überlegung, keine Gesellschaftsanteile zu veräußern, sondern lediglich ein **Fremdmanagement** zu implementieren. Während bei einer **GmbH** eine Fremdgeschäftsführung (sog. Drittorganschaft) gem. § 35 ff. GmbHG ohne weiteres **möglich** ist, ist dies bei den **Personengesellschaften**, soweit keine Sonderkonstellation wie etwa eine GmbH & Co. KG vorliegt, bei welcher die Geschäftsführung durch die komplementär GmbH ausgeführt wird, grds. **nicht möglich**. Dies liegt darin begründet, dass im Personengesellschaftsrecht die persönliche Haftung und Beteiligung prägend ist und daher das Prinzip der **Selbstorganschaft** gilt. Eine reine Managementbeteiligung käme daher nur dann in Betracht, wenn die Personengesellschaft zunächst in eine Kapitalgesellschaft umgewandelt würde, wobei hierbei der Kosten- und Zeitfaktor durchaus nicht unterschätzt werden darf.

Ferner bleibt zu bedenken, dass eine reine Managementnachfolge durchaus auch ihre **Tücken** haben kann. Zwar kann ein fremder Blick auf das Unternehmen frischen Wind in das Unternehmen bringen und auch für eine **Modernisierung** und **Weiterentwicklung** sorgen, es ist aber immens wichtig, die Führungsposition sowohl mit fachlich wie auch menschlich tadellosen Personen zu besetzen, um auch weiterhin den Erfolg des Unternehmens zu sichern. Eine solche Lösung erfordert daher klare **Governance-Strukturen**. Dabei sollte nicht unterschätzt werden, dass selbst im Mittelstand **Gehälter** für Führungspersonen zwischen **EUR 150.000,00** bis zu **EUR 400.000,00** pro Jahr, keine Seltenheit mehr darstellen.

Praxishinweis:
Bei der vertraglichen Ausgestaltung der Geschäftsführer-Anstellungsverträge sollte darauf geachtet werden, neben einem moderaten Grundgehalt auch mit **erfolgsabhängigen Vergütungsbestandtei-**

len zu arbeiten. Diese führen vor allem bei Fremdgeschäftsführern zu einer erhöhten Motivation. Daneben könnte auch an die Implementierung eines **VSOP** „Virtual Share Option Programm" gedacht werden. Hierbei werden Führungskräfte am Unternehmenserfolg beteiligt, ohne dass man Ihnen „echte" Geschäftsanteile am Unternehmen übertragen muss. Eine Beschränkung der Geschäftsführungsbefugnis im Innenverhältnis für bestimmte Geschäfte ist üblich und anzuraten.

4. Stellen MBO oder MBI gute Alternativen dar?

Bei einem **MBO** (**Management-Buy-Out**) handelt es sich um eine Transaktion, bei der in der Regel keine familieninterne Nachfolge möglich ist und daher ein oder mehrere langjährige Mitarbeiter das Unternehmen übernehmen wollen. Meist handelt es sich hierbei um **Mitarbeiter** der ersten oder zweiten **Führungsebenen**, die das Unternehmen bereits seit Jahren kennen und mitleiten, wie Geschäftsführer oder Prokuristen.

Bei einem **MBI** (**Management-Buy-In**) handelt es sich auch um die Übernahme von Angestellten aus der Führungsebene, nur kommen diese nicht aus dem eigenen Unternehmen, sondern sind meistens bei einem **Partnerunternehmen** der **Lieferkette** oder bei **Konkurrenzunternehmen** tätig, die mit dem Ausstieg des Unternehmers nunmehr die Möglichkeit sehen, sich im bekannten Branchenumfeld selbstständig zu machen.

An einem MBO und MBI ist **positiv** zu bewerten, dass das Unternehmen in Hände gelangt, die wegen ihrer **Branchenerfahrung** eine wirtschaftlich erfolgreiche **Weiterführung** des Unternehmens und die **künftige Sicherung** von **Arbeitsplätzen** wahrscheinlich erscheinen, lassen. Dies dürfte für Unternehmer, die ihr Unternehmen bereits in mehreren Generationen führen bzw. gegründet haben, nicht unwichtig sein.

Regelmäßig ist es jedoch der Fall, dass sowohl das externe als auch das interne Management **nicht** über **ausreichende Mittel** verfügt, um die Kosten für den Kaufpreis aufzubringen, weshalb hier oftmals die finanzielle Unterstützung von **Private-Equity-** oder **Venture-Capital** Investoren benötigt wird.

Zusammenfassend ist daher zu sagen, dass beide Modelle die Wahrscheinlichkeit einer erfolgreichen Fortführung erhöhen, aber regelmäßig **externe Finanzierung**, etwa durch Private-Equity- oder Finanzinvestoren benötigen, die dann zur Investmentsicherung wiederum versuchen werden, Einfluss auf das Unternehmen auszuüben.

5. Was ist von Finanzinvestoren und Private-Equity-Investoren zu halten?

Finanzinvestoren und Private-Equity-Fonds können für Familienunternehmen insbesondere dann eine Option sein, wenn **kein familieninterner Nachfolger** vorhanden ist oder ein **MBI** oder **MBO** finanziell nicht realisierbar ist. Ein strukturierter Verkaufsprozess mit klar definierten Bedingungen schützt den Verkäufer hier vor Kontrollverlust. Zu beachten ist, dass sowohl für Finanzinvestoren als auch Private-Equity-Investoren, häufig die **Rendite** und damit auch ein baldiger **Exit** im Fokus steht. Hier spielen dann häufig in erster Linie Effizienzgesichtspunkte und Kosteneinsparungen eine Rolle, was nicht selten mit einem gewissen **Druck** auf die **Geschäftsführung** und Mitgesellschafter miteinhergeht. Will man dieses verhindern, sollte ein **strategischer Investor** an Bord geholt werden, dem es in erster Linie um die Schöpfung von **Synergieeffekten** geht.

Zu beachten ist ferner, dass Private-Equity-Investoren wie auch Finanzinvestoren in den wenigsten Fällen in ein Unternehmen einsteigen, welches komplett verkauft wird. Daher kommen eher Teilverkäufe, eine Kombination mit einem **MBO** oder **MBI** in Betracht.

6. Ist ein Verkauf auch in der Krise oder Insolvenz möglich?

Der Begriff **Distressed-M&A** bezeichnet den Erwerb eines Unternehmens oder Unternehmensteils, das sich in einer wirtschaftlichen Krise befindet oder für das ein Insolvenzverfahren bereits eröffnet wurde.

Ein Unternehmenskauf kann folglich auch noch **vor Eröffnung** eines **Insolvenzverfahrens** erfolgen, etwa im Rahmen eines vor insolvenzlichen **Restrukturierungsverfahrens**. Hier ist für den Käufer jedoch besondere Vorsicht geboten, da Transaktionen kurz vor Insolvenzeröffnung häufig **insolvenzanfechtungsrechtlich** überprüft werden. Sicherheitsmechanismen wie marktübliche Kaufpreise, transparente Prozesse und die Einbindung externer Gutachter sind daher unerlässlich und **verkomplizieren** den **Prozess** häufig, was sich der potenzielle Käufer mit einem **hohen Risikoabschlag** vergüten lassen wird.

II. Gesellschaftsrechtliche Aspekte

Der rechtliche Rahmen eines Unternehmensverkaufs bestimmt maßgeblich die Geschwindigkeit, Rechtssicherheit und Risikoverteilung des gesamten Prozesses. Zentral ist die Wahl der Transaktionsstruktur – insbesondere zwischen **Asset Deal** und **Share Deal** sowie die rechtliche Vorbereitung und Absicherung der Verhandlungen. Eine sorgfältige Planung dieser Phase vermeidet spätere Streitigkeiten und reduziert Haftungsrisiken für den Verkäufer.

1. Welche rechtlichen Möglichkeiten gibt es, das Unternehmen zu verkaufen?

a) Asset Deal

Beim Asset Deal wird nicht die Gesellschaft selbst, sondern ihr Vermögen ganz oder teilweise veräußert. Gegenstand des Kaufvertrags sind **einzelne Wirtschaftsgüter** (z. B. Maschinen, Grundstücke, Vorräte, Kundenbeziehungen, immaterielle Rechte). Rechtlich handelt es sich um eine Vielzahl von **Einzelrechtsübertragungen**, die jeweils nach den einschlägigen Vorschriften erfolgen müssen. Dies führt zu **erhöhtem** organisatorischem **Aufwand**, ermöglicht aber eine selektive Übertragung und die Herauslösung unerwünschter Assets oder Verbindlichkeiten.

Besonders zu beachten ist **§ 613a BGB**: Bei einem **Betriebsübergang** gehen die **Arbeitsverhältnisse** kraft Gesetzes auf den Erwerber **über**. Dies erfordert eine rechtzeitige und ordnungsgemäße **Unterrichtung** der Arbeitnehmer sowie die Beachtung etwaiger **Widerspruchsrechte**.

Versäumnisse in diesem Bereich können erhebliche Haftungsfolgen für den Verkäufer nach sich ziehen. Zudem müssen **Genehmigungen** und **Verträge** in der Regel **neu abgeschlossen** oder übertragen werden, was den Prozess verlängern kann.

Der **Asset Deal** ist bei **Distressed-M&A-Transaktionen** der **Regelfall**. Die rechtliche Einheit des insolventen Unternehmens bleibt bestehen und wird später abgewickelt. Der Käufer erwirbt das Unternehmen in der Regel **„frei von Altverbindlichkeiten"**, was rechtliche und wirtschaftliche Vorteile mit sich bringt.

> **Praxishinweis:**
> Der Unternehmer hat üblicherweise ein Interesse daran, die Belegschaft nicht unnötig in Aufruhr zu versetzen und diese zu verunsichern, weshalb das Ziel ist, diese erst dann zu informieren, wenn der Abschluss der Transaktion als sicher gilt. Gerade bei einem Asset Deal ist es daher notwendig, den geeigneten Zeitpunkt für die Mitarbeiterunterrichtung zu bestimmen. Da die Widerspruchsfrist vier Wochen beträgt, bietet es sich häufig an, den Übergang einer Mindestanzahl der Mitarbeiter zu einer **Vollzugsbedingung** (sog. **Closing-Condition**) zu machen.

b) Share Deal

Beim Share Deal erwirbt der Käufer nicht die einzelnen Vermögensgegenstände, sondern die **Gesellschaft als Unternehmensträger** durch Übertragung der Geschäftsanteile. Rechtsträgerin des Unternehmens bleibt dabei unverändert dieselbe Gesellschaft; lediglich die Gesellschafterstellung wechselt. Eine Einzelübertragung der zum Gesellschaftsvermögen gehörenden Wirtschaftsgüter ist daher nicht erforderlich. **Arbeits- und Anstellungsverhältnisse, bestehende Vertragsverhältnisse sowie Verbindlichkeiten** verbleiben bei der Gesellschaft und bestehen unverändert fort. Dies führt häufig zu einer rechtlich einfacheren Abwicklung als beim Asset Deal. Der Käufer übernimmt die Gesellschaft allerdings im bestehenden Zustand mit allen Aktiva und Passiva.

Deshalb ist eine besonders gründliche Due Diligence erforderlich, da auch unbekannte oder schwebende Verbindlichkeiten wirtschaftlich mit übernommen werden. Eine Zustimmung der jeweiligen Vertragspartner ist grundsätzlich nicht erforderlich, soweit vertraglich nichts Abweichendes vereinbart ist. Allerdings können Verträge sog. **Change-of-Control-Klauseln** enthalten, die bei einem Wechsel der Anteilsinhaberschaft oder der Leitungsgewalt **Sonderkündigungsrechte** oder **Zustimmungsvorbehalte** auslösen. Solche Klauseln finden sich häufig in Miet-, Lieferanten- oder Kreditverträgen.

Die **Firma** des Unternehmens bleibt bei Kapitalgesellschaften auch nach der Anteilsübertragung bestehen. Bei **Personengesellschaften** ist hierfür grundsätzlich die **Zustimmung** des **Veräußerers** erforderlich (§ 22 Abs. 1 HGB).

Steuerlich verbleiben betriebliche Steuern, insbesondere Umsatz- und Gewerbesteuer, sowie ertragsteuerliche **Verpflichtungen** aus Körperschaftsteuer in der Gesellschaft und **gehen** wirtschaftlich mit **auf** den **Erwerber über**, sofern keine abweichenden Vereinbarungen getroffen werden.

2. Gibt es besondere Verfahren, die den Verkaufsprozess beschleunigen?

a) Bieterverfahren

Das Bieterverfahren ist ein **strukturierter**, meist **mehrstufiger Prozess**, bei dem mehrere potenzielle Käufer parallel angesprochen werden. Es ermöglicht dem Verkäufer, Wettbewerb unter den Bietern zu erzeugen und so den **Kaufpreis** sowie die Vertragskonditionen zu **optimieren**. Zudem kann der Zeitplan durch **feste Fristen** und einheitliche Informationspakete effizient gestaltet werden. In der Praxis gibt es kein einheitliches Standardmodell für Unternehmensverkäufe. Die Wahl des geeigneten Verfahrens hängt von der Marktstellung des Unternehmens, der Anzahl potenzieller Käufer und der strategischen Zielsetzung ab.

Das Bieterverfahren eignet sich insbesondere dann, wenn **mehrere Kaufinteressenten** angesprochen werden können. Es schafft Wettbewerb, stärkt die Verhandlungsposition des Verkäufers und kann so zu einem höheren Kaufpreis führen. Der Prozess ist jedoch aufwändig, da Informationsaufbereitung, Due Diligence und Angebotsabstimmung mit mehreren Interessenten erfolgen müssen.

b) Trade Sale

Beim Trade Sale erfolgt der Verkauf an ein **strategisches Unternehmen**, häufig aus derselben Branche. Im Gegensatz zum Bieterverfahren wird hier gezielt ein oder wenige Käufer angesprochen. Dies **beschleunigt** den **Prozess** erheblich, **reduziert** aber den **Wettbewerb** und damit potenziell auch den Kaufpreis.

3. Was ist bei der Vorbereitung des Unternehmens für den Verkauf zu beachten?

Die **rechtliche** und **organisatorische Vorbereitung** des Unternehmens ist **entscheidend** für die Transaktionssicherheit und die Verhandlungsposition des Verkäufers. Ziel ist es, potenzielle Risiken frühzeitig zu identifizieren und auszuräumen, um einen **reibungslosen Due-Diligence Prozess** zu ermöglichen.

a) Aufbereitung aller notwendiger Unterlagen (Due-Diligence Readiness)

Ein **gut vorbereiteter Datenraum** beschleunigt den Verkaufsprozess erheblich. Dazu gehören aktuelle Jahresabschlüsse, Verträge mit wesentlichen Kunden und Lieferanten, arbeitsrechtliche Dokumentation, IP-Rechte, Genehmigungen, Versicherungsverträge und steuerliche Unterlagen. Die Vollständigkeit und Qualität dieser Unterlagen schafft Vertrauen und reduziert Rückfragen der Käuferseite.

Praxishinweis:
Unüblich geworden ist die sog. **On-Sight-Due Diligence**, bei welcher ein Berater-Team die Due Diligence vor Ort in den Räumlichkeiten des Verkäufers und anhand von **nicht digitalisierten Unterlagen** durchführt. Ein solches **Angebot** an einen potenziellen Käufer macht deutlich, dass das Unternehmen noch **nicht** auf einem **ausreichenden digitalen Stand** ist, daher ist es essenziell, die notwendigen Unterlagen vorab digital aufzubereiten.
Eine **Vendor-Due-Diligence** ist eine vorab vom Verkäufer selbst durchgeführte Due Diligence des eigenen Unternehmens. Neben den zusätzlichen Kosten, die einkalkuliert werden müssen, kann dieses Vorgehen den **Verkaufsprozess** stark **unterstützen**, da notwendige Dokumente bereits aufgearbeitet sind.

b) Kann ich trotz laufenden operativen Geschäfts genug interne Ressourcen zur Verfügung stellen?

Ein Unternehmensverkauf erfordert **erhebliche interne Ressourcen**. Fehlt eine strukturierte Vorbereitung, kann das operative Geschäft darunter leiden. Deshalb ist es sinnvoll, frühzeitig ein internes **Kernteam** zu benennen und/oder **externe Berater** einzubinden, um die Transaktion professionell zu begleiten. Gerade der Bereich Finanzen, der in mittelständischen Unternehmen häufig *qua partus* auch alle rechtlichen Angelegenheiten miterledigt, sieht sich hier einer immensen **Mehrbelastung** ausgesetzt, die frühzeitig erkannt und der mit ausreichend **Personalausstattung** begegnet werden muss.

c) Welche Berater sind notwendig und wie hoch sind die Kosten hierfür?

aa) Steuerberater

Der Steuerberater des Unternehmens ist neben dem Inhaber und der Finanzabteilung gerade in der **Frühphase der Transaktion**, häufig entscheidend, da er das Unternehmen regelmäßig nicht nur langjährig begleitet hat, sondern im Regelfall auch der erste **externe Ansprechpartner** für den Unternehmer ist. Der Steuerberater kann **frühzeitig** die **steuerlichen Auswirkungen** der Transaktion **analysieren** und unterstützt bei der Beraterauswahl und Strukturierung des Kaufpreises sowie bei Fragen der steuerlichen Optimierung. Da sich eine Unternehmenstransaktion stark von der laufenden Tätigkeit eines Steuerberaters unterscheidet, sollte mit diesem für die Transaktionen eine gesonderte Vergütungsvereinbarung bzw. eine Pauschalvergütung vereinbart werden.

bb) Rechtsanwalt

Die Einbindung eines bei Unternehmenstransaktionen nachweislich erfahrenen Rechtsanwalts – die Fachanwaltschaft für Handels- und Gesellschaftsrecht allein führt diesen Beweis noch nicht unbedingt – ist für eine **rechtssichere Gestaltung** des **Unternehmensverkaufs** im Sinne des Unternehmers unabdingbar. Der Rechtsanwalt begleitet die Transaktion rechtlich, entwirft und prüft Vertragsunterlagen, führt Verhandlungen und sichert die Einhaltung rechtlicher Rahmenbedingungen und die Interessen des Unternehmers. Da es sich gerade bei der Gestaltung des Kaufvertrages, um ein sehr komplexes und vielschichtiges Vertragswerk handelt, ist für die Ausgestaltung und Verhandlung auch **ausreichend Zeit einzuplanen**.

Praxishinweis:
Üblicherweise verlangen erfahrene und hoch qualifizierte Rechtsanwälte im Bereich der Unternehmenstransaktionen in kleineren spezialisierten Anwaltsboutiquen und mittelständischen Kanzleien **Stundensätze**

(billable hours) zwischen **EUR 300 bis EUR 450** netto. In größeren internationalen Kanzleien sind auch Stundensätze von **EUR 450 bis zu EUR 750** netto keine Seltenheit mehr. Eine Abrechnung erfolgt in der Regel nach Aufwand und wird mittels Tätigkeitsnachweis abgerechnet, wobei die gesetzlichen **Mindestgebühren** nach **RVG** regelmäßig als **Untergrenze** vereinbart werden. Diese Untergrenze orientiert sich am Gegenstandswert, also in der Regel am Kaufpreis. Wichtig ist hier im Vorfeld der Transaktionen eine klare und transparente Kommunikation zu Ihrem Rechtsberater, der den Unternehmer, soweit möglich, **frühzeitig** über die in etwa anfallenden **Kosten aufklären** sollte.

cc) Vor und Nachteile von M&A Beratern und -Maklern

Bei größeren mittelständischen Unternehmensverkäufen ist es üblich, dass Verkäufer einen **M&A-Berater** oder eine **Investmentbank** mandatieren. Ziel ist in erster Linie, durch die **professionelle Ansprache** mehrerer potenzieller Käufer Wettbewerb zu schaffen und damit den Kaufpreis zu optimieren. Zudem vermittelt das strukturierte Vorgehen ein professionelles Marktbild, was die Position des Verkäufers im gesamten Transaktionsprozess stärkt.

Die Vergütung erfolgt meist als **Erfolgsprovision** (**Success Fee**), die prozentual vom Transaktionsvolumen abhängt (typischerweise zwischen 0,5 % und 5 %). Die Vergütung als Success Fee, führt dazu, dass die **Interessenlage** mit dem Verkäufer zunächst einmal **synchronisiert ist**, im Verlauf der Transaktion aber auch zu **Zielkonflikten** führen kann. Gerade wenn rechtliche oder steuerliche Probleme noch nicht abschließend geklärt sind oder sich während des Verkaufsprozesses zeigt, dass der Verkauf ein für den Unternehmer zu hohem Risiko mit sich bringt, entwickeln sich die **Interessenslage** des Unternehmers und des M&A Beraters oftmals **diametral**. Dies kann dadurch abgemildert werden, dass dem M&A Berater eine **Aufwandsentschädigung** gezahlt wird, die ihm für den Fall des Abbruchs der Transaktion entsprechend verbleibt und im Verkaufsfall auf seine Erfolgsprovision **angerechnet** wird.

Ein erfahrener Berater sorgt für einen klar strukturierten, planbaren Ablauf der Transaktion – von der Vorbereitung über die Käufersuche bis zur Vertragsverhandlung. Dies ist besonders bei **komplexen** oder zeitkritischen **Verkäufen entscheidend.**

dd) Vor und Nachteile von M&A Versicherungen

Auch M&A Versicherungen, insbesondere Warranty & Indemnity Policies (W&I), haben in den letzten Jahren an Relevanz gewonnen. Diese können die **Haftungsrisiken** des Verkäufers erheblich **reduzieren.** Ob eine W&I für den geplanten Verkauf sinnvoll ist, hängt neben dem **Transaktionsvolumen** auch von dem **potenziellen Risiko** der Transaktion ab. Beides wie auch die Regelungen der Versicherung, sollte sowohl mit dem Versicherungsmakler als auch mit dem Rechtsanwalt und Steuerberater vor der Transaktion gemeinsam eruiert werden.

In der Regel **decken** die Versicherung **20 %–50 %** des **Unternehmenswertes** ab, wobei **Risiken**, die **über 50 Mio. EUR** gehen, oftmals von den Versicherern **abgelehnt** werden. Die **Versicherungsprämien** betragen in der Regel **zwischen 0,5 % bis 3 %** der **Versicherungssumme** und die Versicherer führen oftmals eigenen Due-Diligence Prüfungen zur Festlegung der Versicherungsprämie durch. Die Kosten für eine W&I sollten jedenfalls in die Gesamtkalkulation der Transaktionenkosten miteinfließen und auch der erhöhte Zeitaufwand muss berücksichtigt werden.

4. Wie läuft ein Unternehmensverkauf ab?

a) Welche Möglichkeiten gibt es, Käufer für mein Unternehmen zu finden?

M&A-Berater und Makler verfügen über **Netzwerke**, um geeignete Käufer zu identifizieren. Dies erhöht die Reichweite und verbessert die Chancen auf einen strukturierten Verkaufsprozess. **Finanzinvestoren**, wie **Venture-Capital**- oder **Private-Equity-Fonds** sowie **Family Offices** können attraktive Käufer sein, insbesondere **wenn strategische Inves-**

toren fehlen. Investmentbanken begleiten häufig diskrete Verkaufsprozesse bei besonders **vermögenden Unternehmerfamilien** und bieten Zugang zu exklusiven Investorenkreisen.

b) Non-Disclosure Agreement; Letter of Intent und Memorandum of Understanding

Während das Non-Disclosure Agreement (**NDA**) die Vertraulichkeit beim Austausch erster Informationen sichert, markieren der Letter of Intent (**LoI**) und das Memorandum of Understanding (**MoU**) (teilweise auch als **Term Sheet** bezeichnet) den Übergang von der **Interessensbekundung** zu **konkreten Vertragsverhandlungen.** Sie sind in der Regel rechtlich nicht bindend, enthalten aber oft bindende **Exklusivitätsvereinbarungen** und **Break-up Fees.** Diese Absicherungen verhindern, dass der Verkäufer den Prozess mit hohem Aufwand führt, ohne dass der Käufer tatsächlich Abschlussinteresse hat.

c) Due-Diligence

Die Due-Diligence dient der systematischen **Prüfung** des **Unternehmens** durch den Käufer. Sie umfasst typischerweise **steuerliche**, **rechtliche**, **kommerzielle** und **technische Analysen**, um **Risiken** und Chancen der Transaktion zu **identifizieren.** Bei der **Red-Flag Due-Diligence** werden nur die wichtigsten Risiken identifiziert, während die **normale Due-Diligence** eine umfassende Prüfung aller Unternehmensbereiche darstellt. Welche Variante gewählt wird, hängt von Transaktionsgröße und Zeitplan ab.

Nach Abschluss der Due-Diligence werden die zentralen Ergebnisse häufig in einem konsolidierten Bericht zusammengeführt (**Due-Diligence-Report**). Dieser dient dem Verhandlungsteam und insbesondere den Rechtsanwälten und Steuerberatern als strukturierte Grundlage für die weiteren Vertragsverhandlungen und beeinflusst maßgeblich Garantien, Kaufpreis und Haftungsklauseln. Wesentliche Risiken und Auffälligkeiten werden dabei in einer kompakten **„Executive Summary"** hervorgehoben.

> **Praxishinweis:**
> In der Praxis zeigt sich häufig, dass **Berater eigene Due-Diligence Berichte** erstellen, auf die sich das Verhandlungsteam verlässt, **ohne selbst ausreichende Detailkenntnisse** zu haben. Das birgt **erhebliche Risiken**, wenn kritische Punkte nicht korrekt oder vollständig weitergegeben werden. **Alle** für den Kauf **relevanten Ergebnisse** sollten zeitnah und nachvollziehbar an das Verhandlungsteam übermittelt werden. Nur so lassen sich Risiken angemessen im Kaufvertrag über Garantien, Freistellungen oder Vertragsanpassungen adressieren.

Handelt es sich bei Unternehmen selbst um einen Betrieb oder Betriebsteile, die mit **öffentlichen Auftraggebern** in Berührung kommen oder ist der Käufer selbst ein **öffentliches Unternehmen** oder ein solches an diesem beteiligt, werden zuweilen auch **persönliche Due Diligence** der **handelnden Personen** durchgeführt. Dies geschieht, um den jeweiligen Vorschriften hinsichtlich der Compliance gerecht zu werden. Dies kann insbesondere auch dann eine Rolle spielen, wenn die handelnden Personen, die von **Sanktionen** oder **Handelsverboten** betroffen sein könnten.

Diese als sog. **Käufer-** oder **Verkäufer Due-Diligence** bezeichnete Maßnahme findet gerade **in einem politisch schwierigen Umfeld** wieder vermehrt Einzug in den M&A Bereich.

d) Kaufpreisfindung

Die **Bestimmung** des **Kaufpreises** zählt zu den sensibelsten und verhandlungsintensivsten Punkten eines M&A-Prozesses. Anders als bei standardisierten Märkten existiert kein **„Marktpreis"** für ein Unternehmen. Der finale Betrag entsteht aus einer **Kombination** von **Bewertung, Verhandlung und Absicherung.**

Im Zentrum steht zunächst die **Unternehmensbewertung** als Ausgangsbasis. Hier fließen klassische Bewertungsmethoden wie **Ertragswertverfahren, Discounted-Cashflow-Modelle oder Multiplikatoransätze** ein. Diese liefern jedoch meist nur eine Bandbreite, der als **Verhandlungsrahmen** dient.

Das **Verfahren** zur Kaufpreisfindung ist eng mit dem Transaktionsprozess verzahnt. Häufig wird ein **indikatives Preisband** bereits in frühen Verhandlungsphasen (**Letter of Intent**) festgelegt, um eine **gemeinsame Grundlage** zu schaffen.

Die **konkrete Festlegung** erfolgt **nach der Due-Diligence** und berücksichtigt neben objektiven Unternehmensdaten auch **Marktlage, Wettbewerb und strategische Erwägungen**. Der Praxisratgeber widmet diesen Fragestellungen vertieft in Kapitel VI bzw. oben in Kapitel I dargestellten Bieterverfahren stellen einen Teil der Kaufpreisfindung dar.

Um diese Bandbreite vertraglich abzusichern und flexibel zu gestalten, bedienen sich die Parteien in der Regel typischer **Kaufpreisklauseln.**

e) Beurkundung und Vollzug des Unternehmenskaufvertrags

aa) Beurkundungstermin (Signing)

Nach § 15 Abs. 3 GmbHG muss die Abtretung eines **GmbH-Geschäftsanteils** notariell **beurkundet** werden. Dies betrifft sowohl die **dingliche Abtretung** als auch die **schuldrechtliche Verpflichtung** zur Abtretung. Die **Beurkundungspflicht** erstreckt sich grundsätzlich **auch** auf solche Nebenabreden, die nach dem Parteiwillen in einem untrennbaren rechtlichen Zusammenhang mit der Anteilsübertragung stehen und mit ihr ein einheitliches Rechtsgeschäft bilden. Ziel ist, die Einheitlichkeit des Rechtsgeschäfts sicherzustellen. Von besonderer praktischer Bedeutung ist die Einordnung von **Sicherungsabreden** oder **Options-**

rechten, die je nach Ausgestaltung ebenfalls der Formpflicht unterliegen können.

Beim **Asset Deal** können die **Formvorschriften** ebenfalls **relevant** werden, wenn im **Vermögen** des Unternehmens **GmbH-Anteile** enthalten sind, etwa von Tochtergesellschaften. Auch in diesem Fall ist der Kaufvertrag **beurkundungspflichtig**, ebenso wie bei der **Übertragung von Grundstücken gem. § 311b Abs. 1 BGB**. Hingegen unterliegt die Abtretung von **Anteilen** an **Personengesellschaften** regelmäßig **keiner Beurkundungspflicht**, sofern dies nicht abweichend vereinbart wird.

Wird ein **formbedürftiger Teil** des Geschäfts **nicht** ordnungsgemäß **beurkundet**, kann das gesamte Rechtsgeschäft gem. **§ 139 BGB nichtig** sein, sofern nicht eindeutig erkennbar ist, dass der Restvertrag unabhängig bestehen soll.

bb) Vollzugbedingungen (Closing-Conditions)

Beim Closing werden die im Kaufvertrag definierten **Vollzugsbedingungen** überprüft und die Eigentumsübertragung vollzogen. Die Wirksamkeit der Anteilsabtretung hängt häufig vom Eintritt vertraglich vereinbarter Bedingungen ab, z. B. der **Kaufpreiszahlung**, **Zustimmung** von **Gremien** oder im Fall des Asset Deals von dem Übergang einer Mindestanzahl von Angestellten oder der Schlüsselangestellten.

Mit **Eintritt** dieser **Bedingungen** wird das **Rechtsgeschäft wirksam**, ein **Rücktritt** ist in der Regel **ausgeschlossen**. Wird eine **Bedingung nicht erfüllt**, **endet** das **Rechtsgeschäft** automatisch. Alternativ kann der Erwerber auf die Bedingung verzichten, um den Vertrag wirksam werden zu lassen.

5. Was ist beim Unternehmenskaufvertrag aus Verkäufersicht zu beachten?

a) Welche Pflichten treffen mich als Verkäufer

aa) Aufklärungspflicht

Bereits in der Phase **vor Unterzeichnung** des Kaufvertrags entsteht durch die Aufnahme von **Vertragsverhandlungen**, die **Ansprache** potenzieller Käufer und die Weitergabe **vertraulicher Informationen,** ein **gesetzliches Schuldverhältnis** gemäß § 311 Abs. 2 und 3 BGB. Daraus erwachsen sowohl dem Verkäufer als auch dem Käufer **Schutz- und Rücksichtnahmepflichten. Verstöße** gegen diese Pflichten können zu **Schadensersatzansprüchen** führen. Verkäufer dürfen keine berechtigten **Erwartungen** erzeugen, die sie nicht einlösen können. Ein **treuwidriger Abbruch** der Gespräche kann haftungsrechtliche Folgen nach sich ziehen.

Ein zentrales Element vorvertraglicher Haftung ist die Verletzung von Aufklärungspflichten. Verkäufer sind verpflichtet, über alle für die Kaufentscheidung wesentlichen Umstände zutreffend, vollständig und rechtzeitig zu informieren. Dazu gehören insbesondere wirtschaftliche Kennzahlen, rechtliche Rahmenbedingungen, Vertragsbeziehungen, Risiken und etwaige finanzielle Schieflagen des Unternehmens. Falschangaben oder das Verschweigen wesentlicher Tatsachen können Schadensersatzansprüche nach sich ziehen – unabhängig davon, ob später ein Kaufvertrag zustande kommt.

Neben § 280 BGB spielen in diesem Zusammenhang auch §§ 123, 142, 812 ff. BGB (**Anfechtung, Rückabwicklung**) eine Rolle. Der **BGH** und die Oberlandesgerichte differenzieren klar. Der Verkäufer haftet nicht pauschal, aber bei für den Käufer **offenkundig relevanten Umständen** besteht eine **gesteigerte Aufklärungspflicht**. Maßgeblich ist, ob ein verständiger Käufer auf Basis dieser Informationen seine Kaufentscheidung getroffen hätte.

Praxishinweis:

- Wesentliche Beispiele für aufklärungspflichtige Tatsachen:
- Fehlende behördliche Genehmigungen
- Wirtschaftliche Krise oder Überschuldung des Zielunternehmens
- Nicht offengelegte Verbindlichkeiten
- Verluste oder drohende Zahlungsunfähigkeit
- Branchenspezifische Faktoren, die für den Käufer entscheidungsrelevant sind.

In der Praxis wird die **Aufklärungspflicht** oft durch die Einrichtung eines **Datenraums** erfüllt. Der Verkäufer ermöglicht dadurch dem Käufer den **Zugriff** auf **entscheidungsrelevante Informationen**. Nach der Rechtsprechung des **BGH** wird der **Aufklärungspflicht genüge getan,** wenn dem Käufer ein **strukturierter Zugang** gewährt wird, ein geordneter und **nachvollziehbarer Datenraum** mit **klar bezeichneten Dokumenten** eingerichtet ist und wichtige **Informationen** zusätzlich **gesondert hervorgehoben** oder **gesondert dokumentiert** sind, wenn sie für den **Kaufentschluss wesentlich** sind.

Werden durch den Käufer sachkundig Berater eingeschaltet, können die Aufklärungspflichten des Verkäufers reduziert sein.

Praxishinweis:
Folgende Punkte müssen vom Verkäufer beachtet werden:

- Frühzeitige Dokumentation aller offengelegten Informationen
- Strukturierte und nachvollziehbare Einrichtung des Datenraums
- Kennzeichnung besonders wesentlicher Umstände
- Keine unrealistischen Erwartungen wecken, insbesondere im Bieterverfahren
- Sorgfältige Kommunikation mit potenziellen Käufern und Beratern.

bb) Verkäufergarantien

Unternehmenskaufverträge werden häufig **selbstständige Garantien** nach § 311 Abs. 1 BGB vereinbart. Diese beziehen sich inhaltlich auf

Umstände, die sowohl die **Beschaffenheit** des **Kaufgegenstandes** als auch weitere **wirtschaftliche Parameter** wie **Bilanz-**, **Umsatz-** oder **Ertragsangaben** betreffen können. Garantien dienen der Risikoverteilung und sollen die Reichweite der Beschaffenheitsverpflichtungen klarstellen.

Die Haftung aus **culpa in contrahendo** (§ 311 Abs. 2 BGB) sowie aus Wegfall der Geschäftsgrundlage (§ 313 BGB) wird durch Garantien nicht automatisch ausgeschlossen. Ein **vertraglicher Ausschluss** ist zudem bei **Arglist** unwirksam. Verkäufer können sich daher nicht auf vereinbarte **Garantien** berufen, wenn vorsätzlich **falsche Angaben** gemacht oder **Aufklärungspflichten** verletzt wurden.

Praxishinweis:
Garantien sind ein zentrales Instrument zur **Risikoverteilung** im Unternehmenskauf. Sie ersetzen aber nicht die **Pflicht** zu richtiger und **vollständiger Aufklärung**. Ein wirksamer Haftungsausschluss setzt eine klare vertragliche Formulierung voraus und kann **Arglist** nicht ausschließen. Verkäufer sollten Offenlegung und Garantiekatalog sorgfältig **dokumentieren**, Käufer sollten sich nicht ausschließlich auf Garantien verlassen.

cc) Bilanzgarantien

Bilanzgarantien zählen zu den zentralen Elementen jedes Unternehmenskaufvertrags. Sie schaffen **die rechtliche Brücke zwischen** der **Unternehmensbewertung** und den **tatsächlichen wirtschaftlichen Verhältnissen** zum Stichtag. Der Verkäufer übernimmt dabei die **Verantwortung** dafür, dass die übergebene **Bilanz inhaltlich** zutrifft und die **wirtschaftliche Lage** des Unternehmens korrekt **abbildet**.

Der rechtliche Zweck solcher Klauseln liegt darin, dem Käufer eine **objektive Entscheidungsgrundlage** zu sichern und zugleich klare Haftungsmechanismen für Abweichungen zu schaffen. Es werden **Objektive (harte) Bilanzgarantie** und **Subjektive (weiche) Bilanzgarantien** unterschieden.

Bei einer **objektiven Bilanzgarantie garantiert** der Verkäufer die **Richtigkeit** und **Vollständigkeit** der Bilanz unabhängig von seinem Wissen oder Verschulden. Entscheidend ist allein, ob die Bilanz **objektiv fehlerhaft** war. Ein Verstoß führt zur Haftung des Verkäufers, ohne dass der Käufer nachweisen muss, dass der Verkäufer Kenntnis von der Abweichung hatte. Dadurch wird die Garantie zu einer Risikoübernahme durch den Verkäufer.

Beispielklausel (objektiv):
„Der Verkäufer garantiert, dass die dem Vertrag beigefügte Bilanz zum [Stichtag] in jeder Hinsicht den Grundsätzen ordnungsmäßiger Buchführung entspricht und die Vermögens-, Finanz- und Ertragslage des Unternehmens vollständig und richtig wiedergibt."

Praxishinweis:
Diese Formulierung **verschiebt** die wirtschaftlichen **Risiken** einer Fehldarstellung klar **auf** die **Verkäuferseite**. Käufer bevorzugen diese Variante, da sie die Durchsetzung von Ansprüchen erleichtert. Verkäufer sollten die Abgabe einer objektiven Bilanzgarantie tunlichst vermeiden.

Die **subjektive Bilanzgarantie** stellt nicht auf die objektive Richtigkeit der Bilanz ab, sondern darauf, dass dem **Verkäufer keine Abweichungen bekannt** sind. **Haftung** entsteht hier **nur**, wenn der Verkäufer **positive Kenntnis oder grob fahrlässige Unkenntnis** hatte.

Beispielklausel (subjektiv):
„Dem Verkäufer sind keine Umstände bekannt, die dazu führen, dass die dem Vertrag beigefügte Bilanz zum [Stichtag] nicht den Grundsätzen ordnungsmäßiger Buchführung entspricht oder ein unzutreffendes Bild der Vermögens-, Finanz- oder Ertragslage vermittelt."

Praxishinweis:
Diese **Variante reduziert** das **Haftungsrisiko** des **Verkäufers** erheblich. Für den Käufer besteht allerdings ein Beweisrisiko, da er Kenntnis oder grobe Fahrlässigkeit des Verkäufers nachweisen muss.

In der Praxis verhandeln die Parteien oft **hybride Varianten** in dem ein objektiver Teil für zentrale Bilanzpositionen (z. B. Eigenkapital, Rückstellungen, Forderungen) und subjektive Garantien für weniger kritische Posten vereinbart werden.

dd) Steuerfreistellungsklauseln

Der **Käufer** wird im Regelfall **Freistellungsklauseln,** für die in der Due-Diligence **festgestellte Risiken** verlangen. Hierbei spielen **Steuerfreistellungsklauseln** eine **zentrale Rolle.** Sie dienen als eines der wichtigsten Absicherungsinstrumente des Käufers und lassen sich für den Verkäufer nur schwer wegverhandeln. Sie sollen **sicherstellen**, dass **steuerliche Risiken**, die aus der **Vergangenheit** stammen oder bestimmten Ereignissen zuzuordnen sind, nicht auf den Käufer übergehen, sondern **beim Verkäufer verbleiben.**

Bei jedem Unternehmensverkauf besteht das Risiko, dass nachträglich Steuerforderungen entstehen – etwa durch Betriebsprüfungen, verdeckte Gewinnausschüttungen, fehlerhafte Umsatzsteuervoranmeldungen oder nicht erkannte steuerliche Risiken.

Bei einem **Asset Deal** werden zwar einzelne Wirtschaftsgüter übertragen, aber auch hier besteht die Gefahr nach **§ 75 AO** (**Haftung des Erwerbers bei Betriebsübernahme**), wenn ein **Betrieb** oder **Teilbetrieb** übernommen wurde. Da das Unternehmen steuerlich beim Verkäufer verbleibt, wird die Freistellung vor allem deshalb verlangt, weil Haftungstatbestände auf den Käufer übergehen können. Der Verkäufer trägt also faktisch weiterhin das Risiko der steuerlichen Vergangenheit.

Beim **Share Deal** werden Gesellschaftsanteile übertragen – das **Unternehmen** selbst **bleibt unverändert** bestehen. Damit übernimmt der **Käufer alle steuerlichen Rechte und Pflichten**, **einschließlich** der

Vergangenheit. Dies macht Steuerfreistellungsklauseln hier besonders relevant.

Der **Verkäufer verpflichtet sich** im Rahmen der Vereinbarung dazu, den **Käufer freizustellen** oder zu **entschädigen**, wenn **Steuerforderungen** für **Zeiträume vor** dem **Vollzug** (Closing) betreffen. Üblicherweise werden detaillierte Regelungen zu **Rückstellungen** und **Abwehrrechten** aufgenommen. Häufig werden auch ergänzende Instrumente **wie Escrow-Konten** oder **Bankgarantien** vereinbart, um die Durchsetzbarkeit sicherzustellen. Verträge enthalten zudem meist Regelungen zu **Verjährungsfristen** zwischen vier bis sieben Jahren, **orientiert an** den steuerlichen **Festsetzungsfristen** (**§§ 169 ff. AO**).

ee) Nachvertragliches Wettbewerbsverbot und Vertragsstrafen

Nachvertragliche Wettbewerbsverbote **sichern** die **Interessen** des **Käufers**, indem sie den Verkäufer verpflichten, für eine **bestimmte Zeit** nach dem Verkauf **nicht in Konkurrenz zu treten**. Solche Klauseln sind nur wirksam, wenn sie räumlich, zeitlich und sachlich angemessen ausgestaltet sind. In der Regel beträgt die zulässige Dauer **zwei Jahre**. Für den Fall, dass der Unternehmer gegen diese verstößt, werden in den Verträgen regelmäßig **Vertragsstrafen** für jeden Fall der Zuwiderhandlung vereinbart.

Auch **Vertraulichkeitsverpflichtungen bestehen** nach dem Verkauf regelmäßig **fort**. Der Verkäufer bleibt verpflichtet, Betriebs- und Geschäftsgeheimnisse zu wahren, um die Schutzinteressen des Käufers nicht zu beeinträchtigen.

b) Wie kann die Haftung vertraglich begrenzt werden?

In Unternehmenskaufverträgen sind Garantien nur dann rechtlich und wirtschaftlich handhabbar, wenn die Haftung des Verkäufers durch präzise Regelungen strukturiert wird. Thresholds, Baskets, De Minimis und Haftungsfreistellungen gehören zu den zentralen Instrumenten, um Haftungsrisiken zu begrenzen und wirtschaftlich vernünftig zu verteilen.

aa) Threshold (Gesamthaftungsbegrenzung)

Thresholds bezeichnen **Haftungshöchstgrenzen** (**Caps**). Sie begrenzen die **maximale Haftung** des Verkäufers aus Garantieverletzungen. In vielen Transaktionen liegt der Cap zwischen **20 % und 50 % des Kaufpreises**, kann bei **Kern-Garantien** aber auch höher, **oft bis zu 100 %** angesetzt oder sogar unbeschränkt sein (z. B. bei Eigentumsgarantien oder Steuerfreistellungen).

> **Beispiel:**
> „Die Gesamthaftung des Verkäufers aus diesem Vertrag ist auf einen Betrag in Höhe von 20 % des Kaufpreises begrenzt. Dies gilt nicht für vorsätzliches oder arglistiges Verhalten."

bb) Basket (Haftungsschwelle)

Der Basket (**Haftungskorb**) bezeichnet den **Gesamtbetrag**, ab dessen Überschreiten der Verkäufer überhaupt erst haftet. Er dient der Abgrenzung relevanter Schadensfälle. In der Praxis werden zwei Varianten unterschieden:

- **Tipping Basket**: Wird der Schwellenwert erreicht oder überschritten, haftet der Verkäufer für den gesamten Schaden ab dem ersten Euro.
- **Deductible Basket**: Der Verkäufer haftet nur für den Betrag, der den Schwellenwert übersteigt.

cc) De Minimis

Eine De-Minimis-Klausel **legt fest**, ab welcher Schadenshöhe ein **einzelner Anspruch** überhaupt erst geltend gemacht werden darf. Damit sollen **Bagatellansprüche vermieden werden**, die den **Transaktionsfrieden** stören und Verwaltungsaufwand verursachen. Sie wirkt also pro Einzelfall und **schützt** den **Verkäufer vor** einer **Vielzahl geringfügiger Ansprüche**.

Beispiel:
„Einzelne Schadensersatzansprüche aus Garantieverletzungen können nur geltend gemacht werden, wenn der jeweilige Schaden einen Betrag von mind. EUR 10.000 übersteigt."

dd) Haftungsausschluss und Haftungsminderung

Haftungsfreistellungen (**Indemnities**) sind von Garantien zu unterscheiden. Während Garantien die Richtigkeit einer Aussage absichern, dienen Freistellungen dazu, **konkret identifizierte Risiken** zwischen den Parteien zu verteilen.

Praxishinweis:
Typische Anwendungsfälle für Haftungsausschlüsse bzw. Haftungsminderungsvereinbarungen sind:

- **Laufende Steuerprüfungen**
- **Anhängige Rechtsstreitigkeiten**
- **Umweltrisiken**
- **Verpflichtungen aus Altverträgen**

ee) Rücktrittsrecht, Rücktritt

Im allgemeinen Schuldrecht sind Rücktrittsrechte (§§ **323 ff. BGB**) gesetzlich normiert, um Pflichtverletzungen oder Leistungsstörungen zu begegnen. Im M&A-Bereich und damit auch im Bereich des Unternehmensverkaufs ist das anders. Rücktrittsrechte werden hier häufig vertraglich ausgeschlossen oder sehr eng gefasst. Der Grund liegt in der Notwendigkeit, Planungssicherheit und Stabilität nach Unterzeichnung der Verträge (**Signing**) und dem Vollzug des Vertrages (**Closing**) zu gewährleisten.

Ein Rücktritt nach Closing würde bestehende Finanzierungen, operative Strukturen und rechtliche Bindungen gefährden. Deshalb beschränken viele Verträge Rücktrittsmöglichkeiten auf die **Pre-Closing-Phase** oder schließen sie vollständig aus.

Praxishinweis:
Damit ein Rücktrittsausschluss **rechtlich wirksam** ist, müssen **Rücktrittsrechte** klar und **umfassend ausgeschlossen werden**. Der Ausschluss sollte transparent formuliert und **vertraglich eindeutig fixiert** sein.
Die Rechtsprechung setzt einem Rücktrittsausschluss jedoch klare Grenzen:

- **Arglist** (§ 123 BGB): Ein Rücktrittsausschluss ist bei arglistiger Täuschung unwirksam.
- **Vorsätzliche Pflichtverletzungen**: Kein Schutz des Verkäufers bei bewusstem Vertragsbruch.
- **Verstoß gegen zwingendes Recht / AGB-Kontrolle** (§ 307 BGB): Unwirksamkeit pauschaler Ausschlüsse.
- **Treuwidrigkeit** (§ 242 BGB): Rücktrittsausschluss darf nicht Täuschung oder Vertragsbruch absichern.

In diesem Zusammenhang besteht die Möglichkeit, dass der Käufer sich durch den Abschluss einer sog. MAC-Klausel absichern will. MAC-Klauseln (**„Material Adverse Change“ oder „Material Adverse Effect“**) sind ein häufig genutztes Instrument, um einen **kontrollierten Rücktritt** in Unternehmenskaufverträgen zu ermöglichen. Während allgemeine Rücktrittsrechte meist vertraglich ausgeschlossen werden, bleiben MAC-Klauseln als **Ausnahme – insbesondere zwischen Signing und Closing** – bestehen. MAC-Klauseln ermöglichen dem Käufer, sich vom **Vertrag zu lösen** oder **Anpassungen zu verlangen**, wenn sich die **wirtschaftliche** oder **rechtliche Lage** nach Unterzeichnung, aber vor Vollzug, **wesentlich verschlechtert**.

Praxishinweis:
MAC-Klauseln sind in der Praxis häufig Gegenstand intensiver Vertragsverhandlungen und Auslegungskonflikte. Eine genaue Umschreibung des **Trigger-Events** ist unerlässlich. Anwendungsbereiche sind:

- **Erhebliche Umsatzeinbrüche** oder Verlust wichtiger Kunden oder Genehmigungen
- **regulatorische Eingriffe**, die das Geschäftsmodell beeinträchtigen oder politische Veränderung (Sanktionen im betreffenden Land)
- **Verschlechterung der Finanzlage** (z. B. Liquiditätsprobleme, Überschuldung)
- Ereignisse **höherer Gewalt** oder massive Markteinbrüche
- **Rechtsstreitigkeiten oder Haftungsfälle** mit erheblichen wirtschaftlichen Auswirkungen.

c) Was sind weitere übliche Bestandteile des Unternehmenskaufvertrags

aa) Kaufpreisklauseln

Kaufpreisklauseln sind ein typischer Bestandteil von Unternehmenskaufverträgen und werden oftmals intensiv verhandelt. Folgende Ausgestaltungsmöglichkeiten kommen in der Praxis vor:

- **Festpreisvereinbarungen:** Der Preis wird unabhängig von späteren Entwicklungen fixiert.
- **Kaufpreis-Anpassungsklauseln:** Der Preis kann nachträglich anhand definierter Kennzahlen (z. B. Working Capital, Net Debt) angepasst werden.
- **Earn-out-Klauseln:** Ein Teil des Kaufpreises ist an die zukünftige Entwicklung des Unternehmens gekoppelt und überbrückt unterschiedliche Erwartungen.
- **Locked-Box-Modelle:** Basierend auf einem festen wirtschaftlichen Stichtag schaffen sie hohe Planungssicherheit.

Bei einer **Earn-Out-Klausel** handelt es sich um einen variablen Kaufpreisbestandteil. Dieser wird in Abhängigkeit vom Eintritt einer erwarteten **Ertrags- oder Geschäftsentwicklung** des zu verkaufenden Unternehmens, oftmals in Form bestimmter finanzieller Kennzahlen (z. B. **EBITDA, Umsatz, Gewinn, Rohmarge**) zusätzlich fällig. Eine solche Vereinbarung liegt regelmäßig im **Interesse des Käufers**, denn das mit dem ungewissen Eintritt bestimmter Voraussetzungen/wirtschaftliche Entwicklungen im Unternehmen verbundene kaufmännische **Risiko** kann so (teilweise) **auf den Verkäufer** übertragen werden. Zu den steuerrechtlichen Implikationen einer Earn-Out Klausel s. V.2.c)gg).

bb) Lock-up-Klauseln

Lock-up-Klauseln verbieten dem Verkäufer für einen definierten Zeitraum, Anteile zu veräußern oder zu belasten. Ziel ist die **Stabilisierung der Gesellschafterstruktur** nach Closing und der Schutz der Käuferthese (Integration, Earn-out, Bankenauflagen).

Typischerweise wird ein Lock-up für die **Dauer von 6–36 Monate** vereinbart. Der Lock-up sichert die Stellung als Gesellschafter und bietet daher ein höheres Schutzniveau für den Käufer als die reine Vereinbarung eines Beratervertrages mit dem Verkäufer.

cc) Put-Optionen

Eine **Put-Option** gibt dem Verkäufer, soweit er weiterhin an der Gesellschaft beteiligt bleibt, das Recht, Anteile zu einem **vordefinierten Preis/Preisverfahren** oder bei vordefinierten Ereignissen wieder an den Käufer **abzustoßen**. Sie sichert damit einen späteren Exit unter vorab festgelegten Bedingungen.

Typische Ereignisse, die das Recht auslösen sind:

- **Internationale Sanktionen** in dem betreffenden Land
- **Kontrollwechsel** beim Käufer
- wesentliche **Vertragsverstöße**
- Nichtumsetzung von **Governance-Anforderungen**.

dd) Vorkaufs- und Rückkaufsrechte

Das **Vorkaufsrecht** räumt dem Verkäufer das Recht ein, Anteile zu den Bedingungen eines Drittangebots wieder zurückzuerwerben. Erhält der vormalige Käufer also ein Angebot eines Drittens, kann der Verkäufer seinen Anteil zu diesen Bedingungen wieder erwerben. Wichtig ist dieses Recht insbesondere auch, falls nach dem Verkauf noch ein Anteil an der Gesellschaft gehalten wird, da so der Eintritt eines unliebsamen Dritten verhindert werden kann.

Rückkaufsrechte hingegen sichern dem ursprünglichen Verkäufer das Recht, bestimmte Anteile zu einem **festgelegten Preis/Verfahren zurückzuerwerben.**

Praxishinweis:
Gerade bei tief in einer Region verwurzelten Familienunternehmern ist die Vereinbarung der vorgenannten Rechte ein adäquates Mittel, um nach dem Vollzug des Kaufvertrags festgestellte Reputationsschäden zu unterbinden und den Anteil zügig abzustoßen und den möglichen Kauf oder Verkauf an einen nicht gewollten Investor zu unterbinden.

ee) Tag-along und Drag-along Klauseln

Beim **Tag-along** (**Mitveräußerungsrecht**) dürfen Gesellschafter sich einem Anteilsverkauf des Mehrheitsgesellschafters zu denselben Bedingungen anschließen. Dies verhindert, dass Minderheiten mit einem neuen, unerwünschten Mehrheitsgesellschafter zurückbleiben.

Formulierungsbeispiel (Auszug):
„Veräußert der Mehrheitsgesellschafter mehr als 50 % seiner Anteile, sind die Minderheitsgesellschafter berechtigt, ihre Anteile zu identischen Bedingungen anteilig mitzuveräußern. Der Erwerber ist verpflichtet, entsprechende Angebote abzugeben."
Beim **Drag-along** Recht (**Mitveräußerungspflicht**) kann der Mehrheitsgesellschafter hingegen Minderheiten verpflichten, ihre Anteile an

einen Dritten zu den vereinbarten Bedingungen mitzuveräußern. Ziel ist die Ermöglichung eines Share-Deals über 100 % ohne Blockade.

Formulierungsbeispiel (Auszug):
„Erhält der Mehrheitsgesellschafter ein bindendes Angebot über mindestens [x]-fach EBITDA und 100 % der Anteile, sind die übrigen Gesellschafter verpflichtet, ihre Anteile zu identischen Bedingungen zu veräußern. Die Haftung aus Verkäufergarantien trifft Minderheiten nur anteilig bis zu einem Cap von [y] % des ihnen zufließenden Kaufpreises."

III. Wie läuft die Übergabe des operativen Geschäftsbetriebes ab?

1. Was ist nach dem Vollzug des Unternehmenskaufvertrages zu beachten?

a) Eingang und Versteuerung des Kaufpreises

Der Zeitpunkt und die Struktur der Kaufpreiszahlung haben unmittelbare steuerliche Konsequenzen für den Verkäufer. Wird der Kaufpreis in **einer Summe** gezahlt, führt dies regelmäßig zu einer einmaligen hohen Steuerbelastung im **Jahr des Zuflusses**. Bei **Ratenzahlungen** oder **Earn-Out-Strukturen** verteilt sich die Steuerlast über mehrere Jahre, was **Liquiditätsvorteile** mit sich bringen kann, aber auch das **Risiko** birgt, dass einzelne **Kaufpreisbestandteile nicht realisiert** werden.

Bei Kapitalgesellschaften unterliegt der Veräußerungsgewinn grundsätzlich der Körperschaft- und Gewerbesteuer, während bei natürlichen Personen der persönliche Einkommensteuersatz maßgeblich ist. Eine rechtzeitige steuerliche Gestaltung, insbesondere unter Nutzung von Freibeträgen nach § 16 Abs. 4 EStG oder § 34 EStG (Tarifbegünstigung), kann erhebliche Vorteile bringen.

b) Post Merger Integration

Nach dem Vollzug des Unternehmenskaufs folgt die **Übergabephase**. Diese Phase ist entscheidend für die erfolgreiche Integration des Unternehmens in die neue Eigentümerstruktur und für die Minimierung operativer Risiken. Häufig liegt der Fokus in dieser Phase auf der **Mitarbeiterkommunikation, steuerlicher Abwicklungen** und der **organisatorischen Übergabe** des operativen Betriebs.

Ein strukturierter Übergabeplan kann spätere Reibungsverluste und Streitigkeiten vermeiden. Viele Transaktionen scheitern nicht an rechtlichen Hürden, sondern an mangelnder Integration nach dem Closing. Die **Post Merger Integration** (**PMI**) ist der Prozess, in dem Strukturen, Prozesse und Unternehmenskulturen zusammengeführt werden. Hier spielt der **ehemalige Unternehmer** oft eine **entscheidende Rolle** als **Brückenbauer und Wissensträger**.

Die **Mitarbeiterkommunikation** ist hierbei ein sensibler Bestandteil des Übergabeprozesses. **Verunsicherung** in der **Belegschaft** kann zu **Fluktuation** oder **Produktivitätseinbußen** führen. Transparente Kommunikation über die Zukunft des Unternehmens, den Fortbestand von Arbeitsplätzen und geplante Veränderungen stärkt Vertrauen und Stabilität.

Die **IT-Systeme** und Datenbestände sind ein zentraler Bestandteil moderner Unternehmen. Eine **rechtssichere und strukturierte Datenmigration** ist daher im Rahmen der Post Merger Integration unerlässlich. Vertrauliche Informationen müssen geschützt, **Zugriffsrechte** angepasst und **Compliance-Anforderungen** (insbesondere DSGVO) beachtet und umgesetzt werden.

Auch immaterielles Wissen spielt eine wichtige Rolle. Hier empfiehlt sich ein geordneter Wissenstransfer, etwa durch **gemeinsame Workshops, Dokumentationen** oder **begleitende Schulungen**.

Mit dem Übergang des operativen Geschäftsbetriebs gehen häufig **laufende Verträge** auf den Käufer über. Dabei ist zu prüfen, ob **Zustimmungserfordernisse** bestehen oder Vertragsübernahmen angezeigt werden müssen. Insbesondere **Lieferanten-, Miet- und Lizenzverträge** müssen rechtlich sauber übertragen oder neu abgeschlossen werden.

Praxishinweis:

Gerade bei einem **Asset-Deal** ist es empfehlenswert, die Vertragspartner der **wichtigsten Kunden- und Lieferantenverträge** zu adressieren und bei diesen frühzeitig eine **Zustimmung** zum Vertragsübergang für den Fall des Vertragsvollzugs einzuholen. Dies kann entweder direkt mit den jeweiligen Vertragspartnern als sog. **auflösende Bedingung** oder als eine **Vollzugbedingung** (Closing-Conditions) im Unternehmenskaufvertrag vereinbart werden.

Die Übergabephase ist ebenso bedeutsam, wenn nicht gar bedeutsamer als der Verkauf selbst. Ein rechtlich klar strukturierter Übergang, kombiniert mit strategischer Kommunikation und sorgfältiger Integration, sichert die Nachhaltigkeit der Transaktion und schützt den Verkäufer vor nachträglichen rechtlichen Risiken.

Je früher diese Phase geplant und vertraglich festgelegt wird, desto reibungsloser verläuft der Übergang und der Verkauf des Unternehmens wird für alle Parteien zum Erfolg.

IV. Zusammenfassung und Anhänge

1. Beispiel Struktur LoI

(1) Vertragsparteien
(2) Beschreibung des Zielunternehmens
(3) Gegenstand der Transaktion (Anteile / Assets)
(4) Geplanter Kaufpreis oder Preisspanne
(5) Zeitplan und Transaktionsstruktur
(6) Exklusivitätsvereinbarung
(7) Vertraulichkeit
(8) Break-up Fee (optional)
(9) Vorbehaltlich Due Diligence und Vertragsabschluss.

2. Beispiel Fragekatalog DD Request List (Red Flag)

(1) Gesellschaftsrechtliche Dokumente (Gesellschaftsvertrag, Handelsregisterauszug, Gesellschafterliste)
(2) Jahresabschlüsse und betriebswirtschaftliche Auswertungen der letzten 3 Jahre
(3) Verträge mit Kunden, Lieferanten und wesentlichen Geschäftspartnern
(4) Miet- und Leasingverträge

(5) Arbeitsverträge der Schlüsselpersonen und Betriebsvereinbarungen
(6) Steuererklärungen und Steuerbescheide
(7) IP-Rechte, Marken, Patente, Lizenzen
(8) Versicherungsverträge
(9) Prozessübersicht / anhängige Rechtsstreitigkeiten
(10) Datenschutz- und Compliance-Dokumentation.

V. Steuerliche Aspekte des Unternehmensverkaufs

1. Wie unterscheiden sich Asset Deal und Share Deal steuerlich?

Aus **ertragssteuerlicher Sicht** decken sich die **Definitionen** der verschiedenen Formen einer Transaktion **nicht** ganz mit denen des **Zivilrechts**.

a) **„Asset Deal“** bezeichnet ertragsteuerlich – insoweit im Einklang mit dem Zivilrecht – den **Kauf bzw. Verkauf** einer **Gesamtheit** von **Wirtschaftsgütern** des steuerlichen Betriebsvermögens.

b) **„Share Deal“** erfasst aus **ertragsteuerlicher** Sicht dagegen **nur** den Verkauf/Kauf von Anteilen an **Kapitalgesellschaften**. Denn nach den Grundsätzen des **Ertragssteuerrechts** werden Personengesellschaften als **steuerlich transparent** behandelt, d. h. deren **Einkünfte** (über §§ 179,180 AO), wie auch **Wirtschaftsgüter** werden **direkt** den **jeweiligen Gesellschaftern** zugeordnet. Dementsprechend handelt es sich ertragsteuerlich beim Verkauf/Kauf von **Anteilen** an einer **Personengesellschaft** um einen **Kauf/Verkauf von Einzelwirtschaftsgütern**, also im Ergebnis um einen **Asset Deal**.

Nur falls eine Personengesellschaft nach § 1a EStG zur Körperschaftsteuer optiert hat, stellt der Verkauf ihrer Anteile ertragsteuerlich einen **Share Deal** dar.

2. Was muss steuerlich bei einem Asset Deal beachtet werden?

a) Wie wird der Verkaufserlös bei einer natürlichen Person besteuert?

Tritt eine natürliche Person als **Einzelunternehmer** am Markt auf, so ist sie **unmittelbares Steuersubjekt.**

Der Einzelunternehmer verfügt steuerlich über ein **Betriebsvermögen**, das von seinem **Privatvermögen** abzugrenzen ist. **Zivilrechtlich** gibt es **keinen Unterschied** zwischen **Privat- und Betriebsvermögen**, denn sämtliche Wirtschaftsgüter, sei es ein Laptop, eine Werkbank oder eine Heimkino-Anlage stehen sämtlich im **zivilrechtlichen Eigentum** des Einzelunternehmers

→ Wirtschaftsgüter, die **ausschließlich und unmittelbar** für **eigenbetriebliche Zwecke** des Einzelunternehmers **genutzt** werden oder dazu **bestimmt** sind, gehören steuerlich zum sog. **„notwendigen Betriebsvermögen"** (R 4.2. Abs. 1 Satz 1 EStR).
→ Das **„notwendige Privatvermögen"** umfasst alle **Wirtschaftsgüter**, die **ausschließlich privaten** oder **außerbetrieblichen** Zwecken dienen und somit **nicht dem Betrieb** zuzurechnen sind.
→ Wirtschaftsgüter gehören zum sog. **„gewillkürten Betriebsvermögen"**, wenn sie **objektiv geeignet** und **bestimmt** sind, den Betrieb zu fördern, und **nicht** zum **notwendigen** Betriebsvermögen oder zum Privatvermögen gehören. Der **betriebliche Nutzungsanteil** kann dabei **zwischen 10 % und 50 %** liegen. Gewillkürtes Betriebsvermögen entsteht durch **unmissverständlichen Willensentschluss** des Betriebsinhabers bei der Zuordnung des Wirtschaftsgutes, insbesondere durch **entsprechende Buchung.**

Wird das Einzelunternehmen insgesamt oder aber Teile davon verkauft, so betrifft der Verkauf aus **steuerlicher Sicht** einzelne oder alle **Wirtschaftsgüter des Betriebsvermögens.**

Werden **Wirtschaftsgüter des steuerlichen Betriebsvermögens** veräußert, erzielt der Einzelunternehmer damit **Einkünfte aus Gewerbebetrieb** (§ 16 Abs. 1 Nr. 1 bzw. 2 EStG). Diese unterliegen der **Einkommensteuer.** Die Steuerlast bestimmt sich nach der persönlichen **Einkommensteuerprogression** (§ 32a EStG) des Einzelunternehmers und erhöht sich ggf. um den **Solidaritätszuschlag** und die **Kirchensteuer.**

Ist die Veräußerung der Wirtschaftsgüter als **laufender Geschäftsbetrieb** anzusehen, unterfällt der erzielte einkommensteuerliche **Gewinn aus Gewerbebetrieb** nach § 15 EStG als Ausgangsgröße für den Gewerbeertrag nach § 7 Satz 1 GewStG zusätzlich der **Gewerbesteuer.** Die **Höhe der Gewerbesteuer** bestimmt sich grundsätzlich nach dem jeweils anwendbaren, von der jeweiligen Gemeinde festzulegenden **Gewerbesteuerhebesatz** (§ 16 GewStG).

Wurde in der Vergangenheit die **Thesaurierungsbegünstigung** (§ 34a EStG) in Anspruch genommen, wird durch die Veräußerung eine **Nachversteuerung** ausgelöst (§ 34a Abs. 6 Nr. 1 EStG).

Praxishinweis:
Bei einer Veräußerung von **Wirtschaftsgütern des Betriebsvermögens** sollte grundsätzlich vorab geprüft werden, ob durch den Verkauf ggf. **etwaige (Halte/Behaltens-) Fristen** verletzt werden:

- Wiederaufleben der **Gewerbesteuerpflicht** nach § 18 Abs. 3 UmwStG bei **(Teil-)Betriebsveräußerung** einer natürlichen Person/Mitunternehmerschaft innerhalb von fünf Jahren nach deren Umwandlung.
- **Frist i. H. v. drei Jahren nach § 6 Abs. 5 Satz 4 und 5 EStG**, sofern ein Wirtschaftsgut von einem Betriebsvermögen **steuerneutral** in ein anderes Betriebsvermögen übertragen wurde.
- Inanspruchnahme von **Subventionen**, wie z. B. **Fördermitteln, Zuschüssen oder sonstigen öffentlich-rechtlichen Vergünstigungen** bezogen auf ein bestimmtes (zu verkaufendes) Wirtschaftsgut.

b) Wie wird der Veräußerungserlös bei einer Personengesellschaft („Mitunternehmerschaft“) besteuert?

Betreibt eine **natürliche Person** gemeinsam mit weiteren Gesellschaftern ein Unternehmen in Form einer **Personengesellschaft** (oHG, KG, GmbH & Co. KG), wird ihr über die **einheitliche und gesonderte Gewinnfeststellung** ebenfalls ertragsteuerlich der steuerliche Gewinn **unmittelbar** zugerechnet (§ 179 Abs. 2 Satz 2 AO i. V. m. § 180 Abs. 1 Nr. 2 lit. a AO).

Der zivilrechtliche Gesellschafter einer Personengesellschaft gilt ertragsteuerlich als sog. **„Mitunternehmer“**, wenn er im Rahmen der Gesellschaft **Mitunternehmerrisiko** trägt und **Mitunternehmerinitiative** entfalten kann, wobei beide Merkmale **unterschiedlich ausgeprägt** sein können (H.15.8 Abs. 1 EStH).

→ Der Gesellschafter trägt **Mitunternehmerrisiko**, wenn er am **Gewinn und Verlust** des Unternehmens sowie an den **stillen Reserven** einschließlich eines etwaigen Geschäfts- oder Firmenwerts **beteiligt** ist (H.15.8 Abs. 1 **„Mitunternehmerrisiko“** EStH).
→ Der Gesellschafter besitzt **Mitunternehmerinitiative**, wenn er an den **unternehmerischen Entscheidungen** teilhaben kann. Es genügt die Möglichkeit zur Ausübung seiner Gesellschafterrechte, wenn sie wenigstens **Stimm-, Kontroll- und Widerspruchsrechten** angenähert sind (H 15.8 Abs. 1 EStH).

Wird der **Anteil an einer Personengesellschaft** durch eine natürliche Person als deren **Gesellschafter** verkauft, erfolgt aus steuerlicher Sicht der **Verkauf eines Mitunternehmeranteils**. Die **steuerliche Belastung** des Veräußerungserlöses des **Gesellschafters** ist in diesem Fall mit der eines **Einzelunternehmers** identisch (dazu bereits oben Ziffer V.2.a)).

Zu beachten ist allerdings, dass neben dem notwendigen und gewillkürten **Betriebsvermögen** (vgl. dazu bereits oben Ziffer V.2.a)) bei einer Mitunternehmerschaft zusätzlich oftmals ein sog. **„Sonderbetriebsvermögen I“** besteht. Dieses umfasst **Wirtschaftsgüter**, die zwar im **zivil-**

rechtlichen Eigentum des **einzelnen Gesellschafters** stehen, aber der **Gesellschaft zur Nutzung** überlassen werden. Das kann z. B. ein an die Gesellschaft **vermietetes Betriebsgrundstück** oder ein betrieblich gewährtes **Darlehen** sein. Teilweise existiert zusätzlich ein sog. **„Sonderbetriebsvermögen II"**. Dabei handelt es sich um Wirtschaftsgüter im zivilrechtlichen Eigentum des Gesellschafters, die dessen **Beteiligung an der Gesellschaft** dienen. Typisches Beispiel ist der **Geschäftsanteil eines Kommanditisten** an der Komplementär-GmbH. Zu den für den Unternehmensverkauf folgenden **steuerlichen Problemen** des Sonderbetriebsvermögens vgl. bitte unten Ziffer V.2.c)cc).

> **Bitte beachten!**
> Das vorliegende Werk wird sich bei der Behandlung des steuerlichen **Asset Deals** auf den **Verkauf eines gewerblichen Unternehmens** durch seine unmittelbaren, ebenfalls gewerblich tätigen Gesellschafter fokussieren. Die steuerlichen Aspekte der **vermögensverwaltenden Tätigkeit** und insbesondere der Verkauf von Anteilen an einer **vermögensverwaltenden Personengesellschaft** sind **nicht Gegenstand** dieser Darstellung, sondern werden in einem noch folgenden Band dieser Reihe im Detail dargestellt.

c) Wie kann die Steuerbegünstigung der §§ 16, 34 EStG genutzt werden?

Erzielt ein **Einzelunternehmer** oder der **Gesellschafter einer Personengesellschaft**, die steuerlich eine **Mitunternehmerschaft** darstellt, durch den Unternehmensverkauf einen sog. **„Veräußerungsgewinn"** i. S. d. § 16 Abs. 2 i. V. m. § 34 Abs. 2 Nr. 1 EStG können ggf. die **steuerlichen Begünstigungen** nach § 16 Abs. 4 (**Freibetrag**) und § 34 Abs. 1 (sog. **„Fünftelregelung"**) bzw. § 34 Abs. 3 **„Ermäßigter Steuersatz"**) EStG genutzt werden.

Um in den Genuss dieser Begünstigung zu kommen, muss der steuerlich **begünstigte Veräußerungsgewinn** vom sonstigen, regulär zu versteuernden **laufenden Gewinn abgegrenzt** werden. **Steuerlich be-**

günstigt ist nur der Gewinn aus einer **Betriebsveräußerung i.S.d. § 16 Abs. 1 EStG**, also aus Geschäftsvorfällen, die in einem zeitlichen und wirtschaftlichen Zusammenhang (**Veranlassungszusammenhang**) mit der Veräußerung eines

a) ganzen Gewerbebetriebs, eines
b) Teilbetriebs oder eines
c) Mitunternehmeranteils

stehen.

Nicht zum **begünstigten** Veräußerungsgewinn gehören daher zum Beispiel der Gewinn aus der Veräußerung **unselbständiger Betriebsteile** oder **einzelner Wirtschaftsgüter** des Betriebsvermögens (**Betriebsmittel**).

aa) Wann wird ein „ganzer Gewerbebetrieb" veräußert?

Die Veräußerung eines **ganzen Gewerbebetriebs** i.S.d. § 16 Abs. 1 Nr. 1 EStG liegt vor, wenn

(1) sämtliche wesentliche Betriebsgrundlagen,
(2) gegen Entgelt veräußert und
(3) auf einen Erwerber
(4) in einem einheitlichen Vorgang übertragen werden,
(5) der Erwerber den Betrieb als geschäftlichen Organismus fortführen könnte und
(6) der Veräußerer die bisherige Tätigkeit aufgibt.

Zu (1): Ob sämtliche wesentliche Betriebsgrundlagen veräußert werden, bestimmt sich nach der sog. *„funktional-quantitative Betrachtungsweise"*.

Die Wesentlichkeit muss zum einen **„funktional"** vorliegen, d. h. es handelt sich **nicht** um **kurzfristig wiederbeschaffbare** Wirtschaftsgüter. **Funktional wesentlich** sind in erster Linie **materielle** und **immaterielle** Wirtschaftsgüter des **Anlagevermögens**, wie Betriebsgrundstücke, Fertigungsmaschinen bzw. Namensrechte und öffentlich-rechtliche Genehmigungen usw. Im Einzelfall können aber auch Wirtschaftsgüter des **Umlaufvermögens** funktional wesentlich sein, wie z. B. der **Warenbestand** eines **Einzelhandelsunternehmens**.

Zum anderen wird die Wesentlichkeit auch „**quantitativ**" bestimmt, d. h. die fraglichen Wirtschaftsgüter enthalten **erhebliche stille Reserven**.

Keine Betriebsveräußerung liegt daher vor, wenn wesentliche Betriebsgrundlagen, insbesondere Wirtschaftsgüter mit erheblichen stillen Reserven, ohne Realisierung dieser Reserven in einen neuen oder bereits bestehenden anderen Betrieb überführt werden.

Zu (2): Die wesentlichen Betriebsgrundlagen müssen **veräußert**, d. h. **dauerhaft** auf den Erwerber als neuen Eigentümer **übertragen** werden. Eine reine **Nutzungsüberlassung** (Pacht/Miete) ist **nicht ausreichend**. Dies gilt insbesondere auch für das **Sonderbetriebsvermögen**.

Zu (3): Es kann **mehrere Erwerber** geben, solange die **wesentlichen Betriebsgrundlagen** alle auf **einen Erwerber** übertragen werden. Die Veräußerung oder Entnahme von **unwesentlichen** Betriebsgrundlagen ist insofern **unschädlich**.

Zu (4): Regelmäßig werden die einzelnen Wirtschaftsgüter in Form der „***Einzelrechtsnachfolge***", d. h. mittels gesonderter Übertragungsakte übereignet. Diese Übertragungsakte können ggf. in verschiedenen Veranlagungszeiträumen erfolgen. Dies ist unschädlich, sofern sich die einzelnen Übertragungsakte auf einen **nicht zu großen Zeitraum** erstrecken. Die genaue Länge ist nicht eindeutig definiert, jedoch hat die Rechtsprechung einen Zeitraum bis zu **20 Monaten** als unschädlich, 36 Monaten jedoch als schädlich angesehen. Zur Problematik der sog. „***Earn-Out-Klausel***" vgl. unten Ziffer V.2.c)gg).

Zu (5): Der Erwerber muss den Betrieb als geschäftlichen Organismus unmittelbar nach dem Erwerb fortführen können. Es ist jedoch nicht erforderlich, dass der Erwerber den Betrieb tatsächlich fortführt. Er kann daher den Betrieb auch stilllegen oder zerschlagen.

Zu (6): Der **Veräußerer** muss die mit dem veräußerten Betriebsvermögen verbundene **Tätigkeit aufgeben**. Dies setzt voraus, dass er die Tätigkeit, die er im **veräußerten Betrieb** ausgeübt hat, in dem **bisherigen örtlichen Wirkungskreis** endgültig **einstellt**. Unter Umständen ist auch eine **vorübergehende Einstellung** der Tätigkeit für eine gewisse Zeit **ausreichend**. Es besteht insofern **keine starre zeitliche Grenze**, vielmehr bestimmt sich dies nach den Umständen des **Einzelfalls**.

Wird der Veräußerer nach dem Verkauf noch aufgrund eines **Anstellungs- oder Beratervertrages** für den Erwerber weiterhin für das Unternehmen tätig, ist dies regelmäßig **unschädlich**.

Veräußert z. B. ein Einzelunternehmer an eine Personengesellschaft, an der er beteiligt ist, gilt der Veräußerungsgewinn insoweit als laufender Gewinn und ist nicht begünstigt, soweit der Veräußerer auch **Mitunternehmer** der erwerbenden Personengesellschaft ist (§ 16 Abs. 2 Satz 3 EStG).

Pachtet der Veräußerer den Betrieb des Erwerbers zurück, so ist dies schädlich. Der Veräußerungserlös stellt dann insgesamt laufenden Gewinn dar.

bb) Wann wird ein Teilbetrieb veräußert?

Ein **Teilbetrieb** ist ein mit einer gewissen **Selbsttätigkeit** ausgestatteter, **organisch geschlossener** Teil des Gesamtbetriebs, der für sich **allein lebensfähig** ist. Der Teilbetrieb umfasst daher regelmäßig **mehrere Wirtschaftsgüter**. Beim Verkauf **einzelner Wirtschaftsgüter** liegt regelmäßig die **Veräußerung bloßer Betriebsmittel** vor, die zu einem **laufenden** Gewinn führt.

Abgrenzungsmerkmale sind damit u. a.:

- räumliche Trennung vom Hauptbetrieb,
- eigener Wirkungskreis,
- gesonderte Buchführung,
- eigenes Personal,
- eigene Verwaltung,
- selbstständige Organisation,
- eigenes Anlagevermögen,
- ungleichartige betriebliche Tätigkeit,
- eigener Kundenstamm.

Allein lebensfähig ist der Teil des Gesamtbetriebs nur, wenn mit ihm seiner Struktur nach **eigenständig eine betriebliche Tätigkeit** ausgeübt werden kann. Dies setzt regelmäßig einen **eigenen Kundenstamm** und **eigene Einkaufsbeziehungen** voraus. Liegt eine **räumliche Trennung** zum übrigen Betrieb (z. B. werden eigene Betriebsräumlichkeiten genutzt) vor, wird **eigenes Personal** eingesetzt und erfolgt eine **gesonderte Buchführung** und/oder **Kostenrechnung**, sowie eine **selbstständige Preisgestaltung**, sind dies wichtige **Indizien** für die **Lebensfähigkeit** des Betriebsteils, die im Rahmen einer **Gesamtschau** zu werten sind.

> **Praxishinweis:**
> Die **100 %-ige Beteiligung** an einer **Kapitalgesellschaft** gilt für Zwecke des § 16 Abs.4 EStG als **Teilbetrieb** (§ 16 Abs. 1 Nr. 1 Satz 2 EStG). Hat der Veräußerer das **55. Lebensjahr** vollendet, kann er damit den **Freibetrag** des § 16 Abs. 4 EStG in Anspruch nehmen (dazu sogleich unten unter Ziffer V.2.c)ee)). Die **Tarifermäßigung** des § 34 Abs. 1 bzw. 3 EStG (vgl. dazu Ziffer V.2.c)ee)) scheidet allerding aus, da der Gewinn beim Veräußerer unter das Teileinkünfteverfahren fällt (vgl. dazu Ziffer V.3.b)aa)). § 16 EStG kommt auch bei einer **zeitnahen Veräußerung** der 100 %-igen Beteiligung an **mehrere Erwerber** zur Anwendung. Gleiches gilt im Falle einer nur **teilweisen Veräußerung** der Anteile, wenn die übrigen Anteile zugleich steuerwirksam entnommen und ins Privatvermögen übertragen werden.

cc) Wann wird ein Mitunternehmeranteil veräußert?

Zu den durch §§ 16, 34 EStG privilegierten Einkünften gehören auch die Gewinne, die bei der Veräußerung des **gesamten Anteils** eines Gesellschafters, der als **„Mitunternehmer“** (vgl. dazu Ziffer V.2.b)) anzusehen ist, erzielt werden (§ 16 Abs. 1 Satz 1 Nr. 2 EStG). Erfasst ist davon u. a. die Veräußerung oder die Aufgabe des **Anteils an einer Personengesellschaft** (Offene Handelsgesellschaft, Kommanditgesellschaft, Gesellschaft bürgerlichen Rechts), sofern diese einen **Gewerbebetrieb** betreibt (§ 15 Abs. 3 Nr. 1, Abs. 1 EStG). **Einkommenssteuerlich privi-**

legiert sind auch Gewinne, die bei Veräußerung des gesamten Anteils eines persönlich haftenden Gesellschafters einer **Kommanditgesellschaft auf Aktien** (§ 16 Abs. 1 Satz1 Nr. 3 EStG) erzielt werden.

Bitte beachten!
Liegt beim Veräußerer **Sonderbetriebsvermögen** (vgl. dazu bitte Ziffer V.2.b)) vor, müssen auch diese Wirtschaftsgüter im Zuge des Unternehmensverkaufs **mitveräußert** werden, sofern sie **funktional-quantitativ** (dazu oben Ziffer V.2.c)aa)) **wesentliches Betriebsvermögen** darstellen. Wird **wesentliches Sonderbetriebsvermögen** (z. B. ein betrieblich genutztes Grundstück, das im Eigentum des Verkäufers steht) bei der Veräußerung **zurückbehalten** und infolge des Verkaufs des Mitunternehmeranteils **steuerliches Privatvermögen** des Veräußerers, wird **insgesamt** die **Aufgabe** des Mitunternehmeranteils angenommen. Der **ermäßigte Steuersatz** kommt damit auf den durch die Aufdeckung der **stillen Reserven** entstehenden **steuerlichen Gewinn** zur Anwendung. Allerdings bedeutet dies, dass die (ggf. erheblichen) **stillen Reserven** (wenn auch ermäßigt) **zu versteuern** sind. Dabei steht dieser **steuerpflichtigen Offenlegung** der (ursprünglich) stillen Reserven **kein Zufluss liquider Mittel** in Form des Kaufpreises o. ä. entgegen, der zur Finanzierung der Steuerzahlung dienen könnte.

Praxishinweis:
Soll die Offenlegung der stillen Reserven insgesamt vermieden werden, kann der Veräußerer das Sonderbetriebsvermögen vor der Veräußerung des Unternehmens in ein anderes Betriebsvermögen **steuerneutral übertragen** (§ 6 Abs. 5 EStG). Dabei muss jedoch ein ausreicher zeitlicher Vorlauf gewährt werden. Werden nämlich wesentliche Betriebsgrundlagen des Sonderbetriebsvermögens im zeitlichen Zusammenhang mit der Anteilsveräußerung zu Buchwerten in ein anderes Betriebsvermögen des Veräußerers überführt, stellt dies nach der Rechtsprechung und Finanzverwaltung einen sog. „Gesamtplan“ dar. In diesem Fall ist die Begünstigung der §§ 16, 34 EStG zu versagen. Wann ein solcher zeitlicher Zusammenhang vorliegt, ist je-

doch nach wie vor nicht abschließend geklärt. Die Meinungen reichen von einigen Monaten bis zu mehreren Jahren. Zudem ist zu beachten, dass nach der Übertragung zum Buchwert eine dreijährige Sperrfrist besteht (§ 6 Abs. 5 Satz 4 EStG).

dd) Wie wird der Veräußerungsgewinn grundsätzlich versteuert?

Veräußerungsgewinn ist der Betrag, um den der

- Veräußerungspreis nach Abzug der
- Veräußerungskosten den
- Wert des Betriebsvermögens

übersteigt (§ 16 Abs. 2 Satz 1 EStG).

Auch ein **negatives Kapitalkonto** ist in vollem Umfang zu berücksichtigen und führt somit rechnerisch zur Erhöhung eines Veräußerungsgewinns.

Veräußerungskosten sind Aufwendungen, die eine **sachliche Beziehung** zum Veräußerungsgeschäft besitzen, z. B.

- Notar- und Grundbuchgebühren,
- Maklerprovisionen,
- Reise-, Beratungs- und Gutachterkosten,
- durch den Veräußerungsvorgang selbst entstandene Steuern.

Der Veräußerungsgewinn wird als Teil der **außerordentlichen Einkünfte** i. S. d. § 34 Abs. 1, 2 Nr. 1 EStG steuerlich begünstigt (sog. **„Fünftelregelung“**). Diese Begünstigung erfolgt **von Amts wegen** und muss **nicht** beim zuständigen Finanzamt **beantragt** werden. Sie kann **mehrmals im Leben** in Anspruch genommen werden.

Beispielsrechnung

Sachverhalt:
Ulrich Unterwegs (**„U“**) betreibt als **Einzelunternehmer** ein Reisebüro, das er mit Wirkung zum 01.10.2025 zu einem vertraglichen **Kauf-**

preis von **Euro 200.000** verkauft. Veräußerungskosten fallen in Höhe von Euro 20.000 an. Bis zum 30.09.2024 erzielt U mit seinem Einzelunternehmen **laufende Einkünfte** aus Gewerbebetrieb in Höhe von **Euro 60.000.** U ist **49 Jahre** alt und **voll erwerbsfähig**, sodass ausschließlich die **„Fünftel-Regelung“** zur Anwendung kommen kann.

Tab. 1: Berechnungsschema

Bemessungsgrundlage			**Betrag (Euro)**	**Steuer* (Euro)**
		zu versteuerndes Einkommen	240.000,00	
	./.	außerordentliche Einkünfte (Veräußerungsgewinn)	180.000,00	
A		verbleibendes zu versteuerndes Einkommen	60.000,00	14.415,00 = Steuer A
		Verbleibendes zu versteuerndes Einkommen	60.000,00	
	+	1/5 der außerordentlichen Einkünfte (Veräußerungsgewinn)	36.000,00	
B		Summe	96.000,00	29.408,00 = Steuer B
		Steuer B		29.408,00
	./.	**Steuer A**		14.415,00
	=	Differenz		14.993,00
C	x	5 = (Steuer für die außerordentlichen Einkünfte)		74.965,0 = Steuer C
		Steuer A		14.415,00
	+	**Steuer C**		74.965,00
D	=	**festzusetzende Einkommensteuer**		**89.380,00**
		Vergleichsrechnung		
		Zu versteuerndes Einkommen		240.000,00
		Steuer		94.831,00
		Steuer 1/5-Regelgung		89.380,00
		Ersparnis		**5.451,00**

ee) Wie wird der Veräußerungsgewinn begünstigt, wenn ich über 55 Jahre oder berufsunfähig bin?

Hat der Veräußerer zum **Zeitpunkt der Veräußerung** des Betriebs, Teilbetriebs oder Mitunternehmeranteils sein

- **55. Lebensjahr** vollendet oder ist
- **dauerhaft berufsunfähig** im sozialversicherungsrechtlichen Sinne, d. h. die Voraussetzungen des § **240 Abs. 2 SGB VI** sind **nicht** nur in einem **geringeren** Ausmaß **zeitlich begrenzt** erfüllt,

wird der Veräußerungsgewinn auf **Antrag** des Veräußerers zur Besteuerung mit **Einkommensteuer** nur herangezogen, soweit er **Euro 45.000** übersteigt (**Freibetrag** nach § 16 Abs. 4 Abs. 1 EStG). Der Freibetrag **ermäßigt** sich um den Betrag, um den der Veräußerungsgewinn **Euro 136.000** übersteigt (§ 16 Abs. 4 Satz 3 EStG). Liegt der Veräußerungsgewinn **über Euro 181.000**, reduziert sich der Freibetrag demnach auf **Null**.

Außerdem kann in diesem Fall der Veräußerungsgewinn mit einem **ermäßigten Steuersatz** belastet werden (sog. **„Tarifermäßigung“** des § 34 Abs. 3 EStG).

Beide Begünstigungen können **nur einmal im Leben** genutzt werden (§ 16 Abs. 4 Satz 2 bzw. § 34 Abs. 3 Satz 4 EStG).

Der Veräußerer hat dann die Wahl zwischen der sog. **„Fünftelregelung“** (dazu oben unter Ziffer III.2.c)ee)) und dem **ermäßigten Steuersatz.** Das Finanzamt gewährt **nur eine der beiden** Vergünstigungen. Der **ermäßigte Steuersatz** führt dabei häufig zu einer **niedrigeren Steuerlast** als die **„Fünftelregelung“**. Lediglich bei einem **sehr niedrigen laufenden Gewinn** und/oder einem geringen Veräußerungsgewinn kann die **„Fünftelregelung“ günstiger** sein. Weiterhin ist zu beachten, dass der **ermäßigte Steuersatz** zu einer **Mindestbesteuerung** in Höhe des Eingangssteuersatzes führt, bei der **„Fünftelregelung“** wird hingegen der **Grundfreibetrag** gewährt. Welche Regelung günstiger ist, sollte daher für **jeden Einzelfall** durch einen steuerlichen Berater **gesondert geprüft** werden.

Der Veräußerer trägt die **Feststellungslast** für die Erfüllung der für §§ 16 Abs. 4, 34 Abs. 3 EStG erforderlichen Voraussetzungen.

Beispielsrechnung

Sachverhalt 1

Viktor Viereck („V“) betreibt als Einzelunternehmer einen Stehausschank „Zum Viereck“, den er mit Wirkung zum 1.10.2025 zu einem vertraglichen Kaufpreis von Euro 180.000 verkauft. Veräußerungskosten fallen in Höhe von Euro 34.000 an. Bis zum 30.9.2024 erzielt V laufende Einkünfte aus Gewerbebetrieb in Höhe von Euro 80.000. V ist 60 Jahre alt und infolge einer berufsbedingten Leberzirrhose seit neuestem sozialrechtlich erwerbsunfähig, sodass er die steuerliche Begünstigung der §§ 16, 34 EStG in Anspruch nehmen kann.

Tab. 2: Berechnungsschema

Berechnung	Bemessungs-grundlage	(EUR)	Erläuterung
Laufender Gewinn bis zur Aufgabe		80.000,00	
Veräußerungsgewinn	146.000,00		
abzgl. Freibetrag nach § 16 Abs. 4 EStG	45.000 –10.000 = 35.000		(Freibetrag gekürzt um den Betrag, der 136 TEUR übersteigt)
steuerpflichtiger Veräußerungsgewinn		111.000,00	
Bemessungsgrundlage für § 34 Abs. 3 EStG	111.000,00		
Summe stpfl. Einkünfte		191.000,00	
Steuerbelastung nach Tarif für 191.000	69.600,00		
durchschnittlicher Steuersatz	36,4320 %		
56 % des durchschnittlichen Steuersatzes	20,4019 %		
Steuerbelastung	111.000 * 20,4019 % (begünstigter Steuersatz)	22.650	

Tab. 2: Berechnungsschema

Berechnung	Bemessungs-grundlage	(EUR)	Erläuterung
tarifliche Steuerbelastung von 80.000 zu 28,78225 % (Regulärer Steuersatz)	28,78225 %	22.900	
Summe Steuern		45.550	

ff) Wie kann die Zahlung des Kaufpreises zeitlich gestaltet werden?

Grundsätzlich ist der Veräußerungsgewinn i. S. d. §§ 16, 17 EStG **stichtagsbezogen** zu ermitteln (sog. „***Sofortbesteuerung***") und im **Veranlagungszeitraum** der Veräußerung zu besteuern. Als **Stichtag** für die Ermittlung gilt dabei der Tag, an dem das **zivilrechtliche** oder zumindest das **wirtschaftliche Eigentum** an dem veräußerten Betrieb, Mitunternehmeranteil oder Anteil an einer Kapitalgesellschaft auf den Erwerber übergeht. Für die **Ermittlung und Besteuerung** des **Veräußerungsgewinns** ist es grundsätzlich **unerheblich**, **wann** der Kaufpreis tatsächlich gezahlt wird. Erfolgt die Zahlung in **Raten** oder wird **langfristig gestundet**, beeinflusst dies dem Besteuerungszeitpunkt grundsätzlich **nicht**.

Neben dieser Sofortbesteuerung kann der Steuerpflichtige ggf. die sog. „***Zuflussbesteuerung***" wählen, d. h. es wird in jedem **Veranlagungszeitraum** der entsprechend **zugeflossene** Veräußerungserlös besteuert. Dieses Wahlrecht gilt z. B. für einen Kaufpreis, der als **Leibrente** ausgestaltet oder in Form einer **Ratenzahlung/Zeitrente mit Versorgungscharakter** ausgezahlt wird (H 16 Abs. 11 EStH).

Als **Leibrente** werden **gleichbleibende** Bezüge bezeichnet, die auf **Lebenszeit** der bezugsberechtigten Person ausgezahlt werden.

Eine **Zeitrente mit Versorgungscharakter** ist gegeben, wenn sich die Raten- oder Rentenzahlungen über einen **Zeitraum** von **mehr als 10 Jahren** erstrecken und in der zugrundeliegenden Vereinbarung deren **Versorgungscharakter** eindeutig zum Ausdruck kommt.

Wählt der Veräußerer die **Zuflussbesteuerung**, kann er durch die geringere Einkommensteuerprogression ggf. die steuerliche Belastung im Vergleich zur **regulären Besteuerung** des Gesamtbetrags **reduzieren.** Die steuerlichen **Begünstigungen der §§ 16, 34 EStG** kommen dagegen in diesem Fall **nicht zur Anwendung.**

Wird neben den **wiederkehrenden Bezügen** auch ein **Festkaufpreis** vereinbart und gezahlt, unterliegt dieser der **Begünstigung der §§ 16, 34 EStG.** Allerdings wird in diesem Fall der **Freibetrag** nach § 16 Abs. 4 EStG unter Berücksichtigung des **Kapitalwerts der wiederkehrenden Leistungen** ermittelt und **maximal in Höhe des Festkaufpreises** gewährt.

Stellen die Kaufpreiszahlungen Versorgungsleistungen dar, sind diese weder Veräußerungsentgelt noch Anschaffungskosten. Versorgungsleistungen werden beim Leistenden als sog. ***„Sonderausgaben"*** (§ 10 Abs. 1a Nr. 2 EStG) und beim Empfänger als sonstige Einkünfte (§ 22 Nr. 1a EStG) steuerlich berücksichtigt. Voraussetzung ist, dass der Begünstigte der wiederkehrenden Leistungen auch zum Generationennachfolgeverbund gehört.

Sind die als **wiederkehrende Bezüge/Raten** ausgestalteten Zahlungen des Veräußerungspreises von einem **zukünftigen Umsatz** oder **Gewinn** abhängig, ist **zwingend** die **Zuflussbesteuerung** anzuwenden. Ein **Wahlrecht** besteht in diesem Fall **nicht.**

gg) Kann eine „Earn-Out-Klausel" steuerlich schädlich sein?

Teilweise wird ein fixer Kaufpreis durch eine sog. ***„Earn-Out-Klausel"*** ergänzt (vgl. dazu auch oben Ziffer II.5.c)aa)). Nach der Rechtsprechung des BFH werden Zahlungen aufgrund einer „Earn-Out-Klausel", wie grundsätzlich gewinn- und umsatzabhängige Kaufpreisbestandteile, **erst dann** steuerlich als **nachträgliche gewerbliche Betriebseinnahmen** (§ 24 Nr. 2 i.V.m. § 2 Abs. 1 Satz 1 Nr. 2 EStG) berücksichtigt, wenn sie **tatsächlich entstehen** (sog. ***„Realisationsprinzip"***)[1].

1 BFH, Urt. v. 09.11.2023 – IV R 9/21, BStBl II 2024, 510ff.

Da die Regelungen zur steuerlichen Begünstigung des Veräußerungserlöses jedoch **nur einmal im Leben** zur Anwendung kommen (§ 16 Abs. 4 Satz 2 bzw. § 34 Abs. 3 Satz 4 EStG), wird **zumindest** die **nachträgliche Zahlung** aufgrund der „Earn-Out-Klausel" **nicht erfasst.** Es ist aktuell nicht abschließend geklärt, ob nicht auch für die Zahlung des **fixen Kaufpreisteils** die Anwendung der **Steuerermäßigungen** der §§ 16, 34 EStG dann **ausgeschlossen** ist. Denn deren Anwendbarkeit setzt grundsätzlich die **Offenlegung aller stillen Reserven** zum Verkaufszeitpunkt voraus (R 34.1. Abs. 2 EStR).

Praxishinweis:
Die Frage, ob die Vereinbarung einer ***„Earn-Out-Klausel"*** in Gänze die **steuerliche Begünstigung** des Veräußerungserlöses (also **auch der Festkaufpreis**) nach § 16 Abs. 4 und § 34 Abs. 3 EStG **ausschließt**, ist – soweit ersichtlich – noch nicht abschließend geklärt. Um ein entsprechendes Risiko auszuschließen, werden verschiedene Gestaltungen vorgeschlagen[2]:

- Neben einem Festkaufpreis I, der bei Vollzug der Transaktion fällig wird, wird ein zweiter fixer Kaufpreisanteil („Festkaufpreis II") vereinbart. In dessen Höhe wird ein sog. „Verkäuferdarlehen" gewährt. Sofern die für die Fälligkeit des Festkaufpreises II vereinbarten Voraussetzungen (Unternehmenskennzahlen o. ä.) nicht erfüllt werden, löst dies eine mit einem Garantieverstoß vergleichbare Rechtsfolge aus, die Kaufpreisminderung wird mit dem Verkäuferdarlehen aufgerechnet.
- Das Einzelunternehmen / der Mitunternehmeranteil wird in eine Kapitalgesellschaft (GmbH) gegen **Gewährung neuer Anteile** eingebracht (§ 20 UmwStG). Dies erfolgt zum **gemeinen Wert**, damit **keine Haltefristen** (§ 22 Abs. 1 Satz 3 UmwStG) ausgelöst werden. Der Verkauf des 100 %-igen Anteils an der GmbH sollte dann nach § 16 Abs. 4, § 34 Abs. 3 EStG **begünstigt** sein (§ 16 Abs. 1 Nr. 1 Satz 2 EStG).

2 Vorschläge aus: Brauer / Baumeister, WPg 2024, 965ff.

- Sofern der **Verkäufer** auch nach der Veräußerung des Unternehmens **weiterhin** für dieses **tätig** wird, kann die „Earn-Out-Zahlung" als **Bonuszahlung** im Rahmen des **Anstellungs- oder Dienstvertrages** ausgestaltet werden. In diesem Fall wird allerdings zumindest auf die Bonuszahlung der **reguläre persönliche Steuersatz** des Verkäufers anfallen.

Zu beachten ist, dass diese Gestaltungsvorschläge bislang – soweit ersichtlich – noch **nicht** durch die Rechtsprechung oder die Finanzverwaltung **bestätigt** wurden. Es besteht daher ein entsprechendes **Gestaltungsrisiko**!

hh) Wann liegt ein steuerschädliches einheitliches Geschäftskonzept vor?

Der Gewinn aus der Veräußerung von **Wirtschaftsgütern des Anlagevermögens** gehört zum **laufenden Gewinn**, wenn die Veräußerung Bestandteil eines **einheitlichen Geschäftskonzepts** der unternehmerischen Tätigkeit ist (H 16 Abs. 9 EStH). Besteht die Gesamtheit der Tätigkeit z. B. aus **Ankauf, Vermietung und Verkauf bestimmter Wirtschaftsgüter**, gehört die Veräußerung des vermieteten Wirtschaftsgutes noch zum bisherigen objektiven Geschäftsfeld des Unternehmens. Damit ist der erzielte **Veräußerungserlös** der zum Anlagevermögen gehörenden Wirtschaftsgüter **nicht nach §§ 16, 34 EStG begünstigt** und gehört zum auch **gewerbesteuerpflichtigen** (laufenden) **Geschäftsbetrieb.**

ii) Entsteht Gewerbesteuer?

Soweit der Veräußerungsgewinn für einen **Betrieb** oder **Teilbetrieb**, einen **Anteil an einer Personengesellschaft** auf eine **natürliche Person** als Einzelunternehmer oder als unmittelbar beteiligten Mitunternehmer entfällt, entsteht **keine Gewerbesteuer** (§ 7 Satz 2 GewStG). Wird jedoch nur ein **Teil-Mitunternehmeranteil** oder werden nur **einzelne Wirtschafsgüter**, die **keinen (Teil-)Betrieb** bilden, veräußert, ist der daraus erzielte Gewinn **gewerbesteuerpflichtig.**

Die **Gewerbesteuerpflicht erlischt** bei Einzelgewerbetreibenden und bei Personengesellschaften grundsätzlich mit **der tatsächlichen Einstellung des Betriebs** (R 2.6 Abs. 1 GewStR).

> **Praxishinweis:**
> Die soeben geschilderten Grundsätze gelten u. a. nicht, wenn
>
> - auf Seiten des Erwerbers und des Veräußerers **dieselbe Person** steht oder
> - das Einzelunternehmen bzw. Teilbetrieb **innerhalb der letzten fünf Jahre vor Veräußerung durch Umwandlung einer Kapitalgesellschaft** entstanden ist (§ 18 Abs. 3 UmwStG).

d) Wie wird der Veräußerungserlös bei einer juristischen Person/Kapitalgesellschaft besteuert?

Verkauft eine **Kapitalgesellschaft** eine **Gesamtheit von Wirtschaftsgütern**, unterliegt der dadurch erzielte Veräußerungserlös grundsätzlich der

(1) Körperschaftsteuer und
(2) Gewerbesteuer.

aa) Wann fällt Körperschaftsteuer an?

Der durch die Kapitalgesellschaft als Verkäuferin erzielte Veräußerungserlös stellt grundsätzlich bei dieser einen **voll körperschaftsteuerpflichtigen Ertrag aus dem laufenden Betrieb** dar, da hier eine Veräußerung von steuerlichem **Betriebsvermögen** vorliegt. Die steuerlichen **Vergünstigungen** der **§§ 16, 34 Abs. 1 und 3 EStG** (vgl. dazu oben/unten Ziffer V.2.c)), kommen grundsätzlich – unabhängig vom Vorliegen eines **Betriebes, Teilbetriebes** oder **Mitunternehmeranteils** – **nicht** zur **Anwendung.**

Sofern im Rahmen des Asset Deals auch **Anteile an einer Kapitalgesellschaft** veräußert werden, kommt insoweit die steuerliche Privilegierung des § **8b Abs. 2 und 3 KStG** zur Anwendung (dazu im Detail unten, vgl. Ziffer V.3.e)).

Entsteht im Zusammenhang mit der Veräußerung der Wirtschaftsgüter ein **Verlust**, so kann dieser durch die Kapitalgesellschaft **uneingeschränkt genutzt** werden. Soweit dieser nicht im maßgeblichen Veranlagungszeitraum voll verrechnet werden kann, kann der Verlust auf folgende Veranlagungszeiträume **vorgetragen** werden, wobei die Vorgaben der sog. ***„Mindestbesteuerung"*** zu beachten sind (§ 10d Abs. 2 EStG i. V. m. § 8 Abs. 1 Satz 1 KStG).

bb) Wann fällt Gewerbesteuer an?

Auch **gewerbesteuerlich** unterliegen etwaige **Erlöse** aus der Veräußerung von **Betrieben, Teilbetrieben** oder einem **Mitunternehmeranteil** der **vollen Steuerlast** (Gegenschluss aus § 7 Satz 2 GewStG).

Wird im Rahmen der Transaktion die **Beteiligung** an einer anderen **Kapitalgesellschaft** veräußert, kommt jedoch auch hier insoweit – unabhängig von der Höhe der Beteiligung – eine **Freistellung** des erzielten **Veräußerungsgewinns** i.H.v. **95 %** in Betracht (§ 7 Satz 1 GewStG i. V. m. § 8b Abs. 2 und 3 KStG), vgl. dazu im Detail unten Ziffer V.3.e).

Entsteht aufgrund der Veräußerung ein **Verlust**, so kann dieser mit dem Gewerbeertrag im Sinne des § 7 ff GewStG **verrechnet** werden. Sofern eine Verrechnung im maßgeblichen Planungszeitraum nicht möglich ist, kann der Verlust entsprechend **vorgetragen** und unter Berücksichtigung der Vorschriften zur **Mindestbesteuerung** genutzt werden (§ 10a Satz 1 und 2 GewStG).

Bei Kapitalgesellschaften erlischt die **Gewerbesteuerpflicht** nicht schon mit dem Ende der gewerblichen Betätigung, sondern erst mit der **Einstellung jeglicher Tätigkeit**. Das ist grundsätzlich der Zeitpunkt, in dem das **Vermögen** an die Gesellschafter **verteilt** worden ist (= Liquidation).

Praxishinweis:
Ist Gegenstand des Verkaufs ein **Mitunternehmeranteil**, so entsteht die **Gewerbesteuer auf Ebene dieser Personengesellschaft** (§ 5 Abs. 1 Satz 3 GewStG).

Auf Ebene der veräußernden Kapitalgesellschaft wird der **Gewerbeertrag** entsprechend **gekürzt**, sodass **keine Doppelbesteuerung** erfolgt (§ 9 Nr. 2 GewStG).

e) Welche Verkehrssteuern werden beim (zivilrechtlichen) Asset Deal ausgelöst?

Der **unterschiedlichen Systematik** des deutschen **Ertragsteuerrechts** im Vergleich zum **Zivilrecht** bei der Behandlung von Personengesellschaften ist es geschuldet, dass die diesbezüglichen Begrifflichkeiten **unterschiedlich** verwendet werden (vgl. dazu bereits oben Ziffer V.1). Dieser Umstand wird noch dadurch verkompliziert, dass im Bereich der **Verkehrssteuern** (insbesondere **Umsatzsteuer** und **Grunderwerbsteuer**) grundsätzlich eine Orientierung an der **zivilrechtlichen Sichtweise** erfolgt. Die Personengesellschaft wird hier im Allgemeinen als **eigenständiges Rechtssubjekt** gesehen und **nicht** nur als die **Summe** ihrer **Wirtschaftsgüter.** Werden Anteile einer Personengesellschaft veräußert, stellt dies entweder einen Vorgang dar, der mit dem Verkauf von Anteilen einer Kapitalgesellschaft **rechtlich völlig gleichgestellt** wird (so das **Umsatzsteuerrecht**: § 4 Nummer 8 f UStG) oder aber es erfolgt eine entsprechende Differenzierung, die jedoch von der **eigenständigen Rechtssubjektqualität** der Personengesellschaft ausgeht (so das Grunderwerbsteuerrecht: vgl. insbesondere die Tatbestände des § 3 GrEStG). Die nachfolgenden Ausführungen beziehen sich daher **allein auf Transaktionen**, die **zivilrechtlich** als **Asset Deal** (also ausschließlich Verkauf der Summe aller zum Unternehmen gehörenden Wirtschaftsgüter) anzusehen sind. Die **verkehrssteuerlichen** Fragen bei der **Veräußerung von Personengesellschaftsanteilen** werden unter Ziffer V.3.h) im Rahmen der Behandlung des **Share Deals** dargestellt.

aa) Wann fällt Umsatzsteuer an?

Der Verkauf einzelner Wirtschaftsgüter wird nur dann von der Umsatzsteuer erfasst, wenn dieser

(1) umsatzsteuer**bar** (§ 1 Abs. 1, § 2 Abs. 1, § 3 Abs. 1 UStG) und
(2) umsatzsteuer**pflichtig** (§ 4, eventuell § 9 UStG)

ist.

Zu (1) Die **Umsatzsteuerbarkeit** des Verkaufs setzt grundsätzlich die **Lieferung** (§ 3 Abs. 1 UStG) eines **Unternehmers** (§ 2 Abs. 1 Satz 1 UStG) im Rahmen seines **Unternehmens** gegen **Entgelt** im **Inland** (§ 1 Abs. 2 UStG) voraus. Diese tatbestandlichen Voraussetzungen wären bei einem **Unternehmenskauf** in Form eines zivilrechtlichen **Asset Deals** regelmäßig **erfüllt.**

Jedoch kommt hier regelmäßig die Vorschrift des § 1 Abs. 1a UStG, die sog. ***„Geschäftsveräußerung im Ganzen“*** („**GiG**“) zur Anwendung. Nach dieser ist der Verkauf eines **gesamten** Unternehmens oder eines in der Gliederung des Unternehmens gesondert geführten Betriebs im Ganzen **nicht umsatzsteuerbar.**

Voraussetzung ist, dass das in der **Gesamtheit** der übertragenen Wirtschaftsgüter verkörperte Unternehmen **im Ganzen** übergeht. Das **Zurückbleiben wesentlicher Betriebsgrundlagen** ist insofern **schädlich. Unschädlich** ist es, wenn **einzelne unwesentliche Wirtschaftsgüter** nicht mitübertragen werden (A 1.5 Abs. 3 Satz 1 UStAE). Naturgemäß ist diese **Differenzierung** in der Praxis oftmals schwierig.

Für **Immobilien** gilt dabei nach der Rechtsprechung des EuGH der Grundsatz, dass diese **nicht zwingend mitveräußert** werden müssen. Allerdings müssen diese an den Unternehmenserwerber durch den Veräußerer (mittel- oder unmittelbar) zumindest **miet- oder pachtweise** überlassen werden, sodass eine **Fortführung der wirtschaftlichen Tätigkeit** im übertragenen Unternehmen möglich ist. Eine **langfristige Überlassung** der Immobilien auf z. B. mindestens acht Jahre ist nach der Rechtsprechung jedoch **nicht erforderlich.**

Verfügt der **Erwerber selbst** über eine zur Fortführung des übertragenen Unternehmens **geeignete Immobilie**, ist der **zusätzliche Erwerb** des bisherigen Betriebsgrundstückes für das Vorliegen einer **„GiG“ nicht erforderlich.**

Soweit einkommensteuerrechtlich eine **Teilbetriebsveräußerung** (R 16 Abs. 3 EStR) angenommen wird, kann grundsätzlich von einer **„GiG“** ausgegangen werden (1.5 Abs. 6 Satz 4 UStAE).

Die Geschäftsveräußerung muss an einen **anderen Unternehmer** i. S. d. § 2 Abs. 1 UStG **für dessen Unternehmen** erfolgen. Es ist allerdings ausreichend, wenn der Erwerber mit dem Unternehmenskauf seine **unternehmerische Tätigkeit beginnt** (Abschnitt 1.5 Abs. 1 Satz 1 UStAE).

Für das Vorliegen einer **„GiG“** muss der **Veräußerer nicht** zwingend seine eigene **unternehmerische Tätigkeit beenden** (Abschnitt 1.5 Absatz 1a Satz 4 UStAE).

Die Geschäftsveräußerung muss allerdings durch **einen Veräußerer** auf **einen Erwerber** erfolgen, der das Unternehmen bzw. den Unternehmensteil **fortführt.** Eine Übertragung durch **mehrere Veräußerer** bzw. auf **mehrere Erwerber** gilt **nicht** als **„GiG“.**

Liegt eine **Geschäftsveräußerung im Ganzen** vor, so tritt der Käufer in die umsatzsteuerliche Situation des Verkäufers ein – sog. **„Fußstapfentheorie“** (§ 1 Abs. 1a Satz 3 UStG). Dies bedeutet unter anderem, dass er die laufenden **Fristen** des Verkäufers für die **Berichtigung der Vorsteuer** übernimmt (§ 15 a Abs. 10 UStG).

Zu (2) Handelt es sich bei dem Unternehmensverkauf (ausnahmsweise) um **keine Geschäftsveräußerung im Ganzen** und sind **keine Immobilien** (dazu sogleich) Teil der Transaktion, ist der Verkauf der Wirtschaftsgüter regelmäßig **voll umsatzsteuerpflichtig.** Es ist damit regelmäßig **Umsatzsteuer** auszuweisen.

bb) Sonderfall Geschäftsveräußerung im Ganzen mit Grundstücksverkauf

Der **Verkauf eines Grundstückes** ist grundsätzlich von der **Umsatzsteuer befreit** (§ 4 Nr: 9 lit. a) UStG). Insofern würde der **Verkauf umsatzsteuerfrei** erfolgen. Hat der Veräußerer beim ursprünglichen Erwerb eines sich im Anlagevermögen befindlichen **betrieblich ge-**

nutzten Grundstückes auf den Kaufpreis **Umsatzsteuer gezahlt** und diese auch als **Vorsteuer abgezogen** (§ 15 Abs. 1 UStG), müsste er bei einem Verkauf dieses **Grundstück** innerhalb von **zehn Jahren** seinen **Vorsteuerabzug berichtigen.** Er müsste also die als Vorsteuer geltend gemachte **Umsatzsteuer zurückzahlen** (§ 15a Abs. 1 UStG). Um dies zu vermeiden, kann der verkaufende Unternehmer zur **Umsatzsteuerpflicht optieren**, sofern er an einen **anderen Unternehmer** für **dessen Unternehmen** verkauft (§ 9 Abs. 1 UStG).

Liegt eine **Geschäftsveräußerung im Ganzen** vor, so ist der gesamte Verkaufsvorgang allerdings **nicht umsatzsteuerbar**, der erwerbende Unternehmer **tritt** insoweit (auch) in die **Berichtigungsfrist** des § 15a UStG **ein** (sog. **„Fußstapfentheorie"** – vgl. dazu bereits oben). Eine **Option zur Umsatzsteuer** ist dann **nicht erforderlich.**

Da es allerdings in der Praxis teilweise **schwierig** ist, festzustellen, ob eine Geschäftsveräußerung im Ganzen vorliegt oder nicht, bleibt oftmals ein **substanzielles Risiko.** Die Finanzverwaltung könnte später (z. B. im Rahmen einer Betriebsprüfung) das Vorliegen der **„GiG" verneinen.** In der Konsequenz wäre der Unternehmer als Verkäufer **ohne Option zur Umsatzsteuer** zur **Berichtigung der Vorsteuer** verpflichtet.

Da die Option zur Umsatzsteuerpflicht (§ 9 Abs. 1 UStG) bedingungsfeindlich ist, kann nicht unter der ausdrücklichen Bedingung und für den Fall, dass eine „GiG" nicht vorliegt, optiert werden.

Daher muss im **notariellen Kaufvertrag „vorsorglich"** und **„unbedingt"** die Option nach § 9 Abs. 1 UStG durch den Verkäufer erklärt werden (Abschnitt 9.1. Abs. 3 Sätze 2 ff UStAE).

Sachverhalt

Der Einzelunternehmer Viktor Vestibül (V) betriebt ein Einzelhandelsgeschäft. Die **Immobilie**, in der sich das Ladenlokal befindet, steht im **Eigentum des V.** V hatte diese vor **sechs Jahren** erworben. Der damalige Verkäufer hatte **zur Umsatzsteuer optiert** (§ 9 Abs. 1 UStG), V hatte die gezahlte Umsatzsteuer als **Vorsteuer** geltend gemacht.

V plant das Unternehmen im Wege eines **Asset Deals** an Erich Erikson (E) zu veräußern. Grundsätzlich gehen V und E vom Vorliegen einer **Geschäftsveräußerung im Ganzen** aus. Sie möchten jedoch verhindern, dass V ggf. **Vorsteuern** aus dem Erwerb des Grundstückes **zurückzahlen** muss, sollte die Finanzverwaltung diese Auffassung nicht teilen.

Lösung

Auszug aus dem Kaufvertrag zwischen V und E – Formulierungsbeispiel

„§ 4 Umsatzsteuer, Option

4.1. Die Vertragsparteien gehen übereinstimmend davon aus, dass der Unternehmenskauf eine nicht umsatzsteuerbare Geschäftsveräußerung im Ganzen i. S. d. § 1 Abs. 1a des Umsatzsteuergesetzes (UStG) darstellt. Eine Stellungnahme des zuständigen Finanzamtes wurde nicht eingeholt. Dem Käufer ist bekannt, dass er umsatzsteuerrechtlich an die Stelle des Verkäufers tritt (§§ 1 Abs. 1a S. 3, 15a Abs. 10 UStG). Der Verkäufer stellt den Käufer von allen sich aus einer Vorsteuerberichtigung gemäß § 15a UStG ergebenden steuerlichen Nachteilen frei, soweit diese durch ein Verhalten des Verkäufers ausgelöst werden oder wurden.

4.2. Für den Fall, dass es sich bei dem Unternehmenskauf nicht um eine Geschäftsveräußerung im Ganzen i. S. d. § 1 Abs. 1a UStG handelt, optiert der Verkäufer vorsorglich gemäß § 9 Abs. 1 und Abs. 3 UStG unbedingt zur Umsatzsteuerpflicht für die Lieferung des Grundstücks. In diesem Fall ist der Käufer verpflichtet, den gesetzlich geschuldeten Umsatzsteuerbetrag nach dem Reverse-Charge-Verfahren an das Finanzamt zu zahlen. Der an den Verkäufer zu zahlende Kaufpreis erhöht sich nicht. Soweit Wirtschaftsgüter übertragen werden, für die eine Option nicht möglich ist, erhöht sich der insoweit vom Käufer an den Verkäufer zu entrichtende Kaufpreis um die Umsatzsteuer. Der Notar wies auf die Voraussetzungen und Folgen des Verzichts auf die Umsatzsteuerbefreiung sowie auf die Modalitäten der Rechnungsstellung hin, die den Beteiligten nach eigenen Angaben bekannt sind.

4.3. Verkäufer und Käufer garantieren jeweils, dass sie Unternehmer im Sinne des Umsatzsteuergesetzes sind und das Grundstück dem Unternehmensvermögen zugeordnet ist bzw. diesem zugeordnet werden wird.

4.4. Der Verkäufer hat dem Käufer insbesondere die für die Durchführung der Berichtigung des Vorsteuerabzugs erforderlichen Angaben zu machen und auf schriftliche Anforderung des Käufers die dafür notwendigen Unterlagen zu übergeben (§ 15a Abs. 10 Satz 2 UStG)."

cc) Wann fällt Grunderwerbsteuer an?

Werden im Rahmen eines **zivilrechtlichen Asset Deals inländische Grundstücke** i. S. d. § 2 GrEStG mitverkauft, unterliegt der (anteilige) **Kaufpreis**, soweit er sich auf das Grundstück bezieht, der **Grunderwerbsteuer.** Der **Grunderwerbsteuersatz** variiert nach Belegenheit des Grundstückes von Bundesland zu Bundesland (Stand Oktober 2025) zwischen **3,5 %** (Bayern) und **6,5 %** (Brandenburg, Nordrhein-Westfalen, Saarland und Schleswig-Holstein).

Liegt ein **einheitlicher Kaufpreis** für das gesamte Unternehmen vor, wird dieser nach dem **Verhältnis der Teilwerte** der übertragenen Wirtschaftsgüter zur Ermittlung des auf das mitverkaufte Grundstück entfallenden Kaufpreisanteils **aufgeteilt.**

Wird für die mitverkaufen Grundstücke ein **gesonderter Einzelkaufpreis** zwischen den Vertragsparteien vereinbart, so ist dieser durch die Finanzverwaltung **grundsätzlich anzuerkennen.** Ausnahmsweise ist dies **nicht der Fall**, wenn ein **Scheingeschäft** oder **Gestaltungsmissbrauch** (§ 42 AO) vorliegt oder die Kaufpreisbestimmung den **realen Wertverhältnissen** in grundsätzlicher Weise **nicht entspricht.**

Daher dürfte unter Beachtung der aufgezeigten Vorgaben eine **gesonderte Vereinbarung** des Grundstückskaufpreises in der Praxis regelmäßig **empfehlenswert** sein.

Wird zwischen **fremden Dritten** im Hinblick auf die wirtschaftliche Situation für das gesamte Unternehmen ein **symbolischer Kaufpreis** (z. B. Euro 1,00) vereinbart, so kann auch dieser **maßgeblich** sein. Zu beachten ist allerdings, dass selbstverständlich **weitere Leistungen des Käufers** (z. B. Übernahme bestehender Verbindlichkeiten) in die

Ermittlung der **Gegenleistung i. S. d. § 9 Abs. 1 Nr. 1 GrEStG** mit einbezogen werden.

> **Praxishinweis:**
> Bevor die Grunderwerbsteuer nicht bezahlt ist und dem Notar nicht die finanzamtliche Unbedenklichkeitsbescheinigung vorliegt, kann die Eigentumsumschreibung nicht veranlasst werden.

f) Wie kann der Verkauf steuerlich optimal strukturiert werden?

aa) Ist der Wechsel von Asset Deal zu Share Deal sinnvoll und möglich?

Handelt es sich beim Veräußerer um eine **Kapitalgesellschaft**, so kann regelmäßig der Verkauf von **Anteilen einer anderen Kapitalgesellschaft** im Hinblick auf die steuerliche **Privilegierung des § 8b KStG** (dazu im Detail vergleiche unten Ziffer V.3.e)) günstiger sein. Aber auch für eine **natürliche Person** kann der **Verkauf von Kapitalgesellschaftsanteilen** statt einer Gesamtheit von Wirtschaftsgütern **steuerlich vorteilhaft** sein, insbesondere wenn diese die steuerliche Begünstigung der **§§ 16, 34 EStG nicht** (mehr) in Anspruch nehmen kann. In diesem Fall kommen verschiedene **Gestaltungsoptionen** in Betracht:

- Die **Einbringung** von zu verkaufendem **Betriebsvermögen** in Form eines ertragsteuerlichen **Betriebs** oder **Teilbetriebes**, aber auch von Wirtschaftsgütern, die in ihrer Gesamtheit weder einen solchen Betrieb noch einen Teilbetrieb darstellen, in eine Kapitalgesellschaft kann zivilrechtlich als **Ausgliederung** (§ 123 Abs. 3 UmwG) oder als **Sachgründung** bzw. **Sachkapitalerhöhung** erfolgen. **Vorteil** der **umwandlungsrechtlichen Ausgliederung** ist die damit verbundene **Gesamtrechtsnachfolge**. Soll dies **ertragsteuerneutral** erfolgen, müssen zusätzlich die **Vorgaben** des § 20 Abs. 1 UmwStG („**Einbringung**") bzw. des § 25 i. V. m. § 20 UmwStG („**Formwechsel**") beachtet werden.

- Alternativ kommt eine **Abspaltung** von Betriebsvermögen auf eine Kapitalgesellschaft in Betracht (§ 123 Abs. 1 bzw. 2 UmwG). Soll dies allerdings **ertragssteuerneutral** erfolgen, so müssen die **Vorgaben des § 15 UmwStG** erfüllt werden, die u. a. die Existenz eines **Teilbetriebs** i. S. d. § 15 Abs. 1 UmwStG (sog. ***„doppeltes Teilbetriebserfordernis“***) voraussetzen.

Grundsätzlich sollte darauf geachtet werden, dass Umwandlungsmaßnahmen, welche nach dem UmwStG **steuerneutral** gestaltet werden können, in aller Regel entsprechende **Haltefristen** (**Siebenjahresfrist**) voraussetzen. Daher ist die **möglichst frühzeitige** Planung und Durchführung entsprechender Maßnahmen für den Erfolg der steuerlichen Optimierung absolut **entscheidend.**

bb) Ist eine Aufteilung des Kaufpreises sinnvoll und möglich?

Grundsätzlich kann durch die **Aufteilung** des Kaufpreises auf **verschiedene Wirtschaftsgüter** des übertragenen Betriebsvermögens eine steuerliche **Optimierung** erfolgen. Es ist allerdings zu bedenken, dass es hier oftmals zu einem **Interessenkonflikt** zwischen Veräußerer und Erwerber kommen kann. Handelt es sich beim Veräußerer um eine **Kapitalgesellschaft** und werden im Zuge des Unternehmensverkaufs auch im Betriebsvermögen befindliche **Anteile an anderen Kapitalgesellschaften** übertragen, so ist aus deren Sicht die größtmögliche **Zuordnung eines Kaufpreisanteils** an diese Anteile sinnvoll, da so die **steuerliche Begünstigung des § 8b KStG** (dazu mehr unter Ziffer V.3.e)) genutzt werden kann. Für den **Erwerber** dürfte dagegen eine solche Kaufpreisverteilung steuerlich eher **nachteilig** sein. Denn der auf die jeweiligen **Kapitalgesellschaftsanteile** (als **immaterielle nicht abnutzbare Wirtschaftsgüter**) entfallende **Kaufpreisanteil** kann regelmäßig **nicht** ordentlich **abgeschrieben** werden. Aus Sicht des Erwerbers wäre es vielmehr **steuerlich günstig**, einen möglichst großen Teil des Kaufpreises den abnutzbaren **Wirtschaftsgütern** zuzuordnen, um sein **Abschreibungsvolumen** zu **erhöhen**.

cc) Ist eine Zusammenfassung mehrerer Mitunternehmeranteile/Teilbetriebe sinnvoll und möglich?

Wie bereits gezeigt, können die **Steuervergünstigungen** der §§ 16, 34 EStG nur **einmal im Leben** und nur für **einen Unternehmensverkauf** in Anspruch genommen werden (vgl. oben Ziffer V.2.c)). Existieren verschiedene Teilbetriebe oder Mitunternehmeranteile, die gemeinsam verkauft werden sollen, bietet sich daher eine **rechtliche Zusammenfassung** in Form einer **Holdinggesellschaft** an. Diese kann z. B. im Wege der **Einbringung** errichtet werden (§ 24 UmwStG). Alternativ kann auch eine **Verschmelzung** denkbar sein. Zu beachten ist hier allerdings, dass solche Gestaltungsvorgänge nicht einen insofern **schädlichen Gesamtplan** (vgl. oben Ziffer V.2.c)hh)) darstellen dürfen.

dd) Was muss bei Abfassung der Steuerklausel beachtet werden?

Grundsätzlich regelt die Steuerklausel die **Abgrenzung der steuerlichen Verantwortlichkeiten** zwischen **Käufer und Verkäufer**. Bei einem ertragsteuerlichen **Asset Deal** kann die **Steuerklausel** regelmäßig eher **einfach** gehalten werden. Eine **Inanspruchnahme des Käufers** für Steuern des Verkäufers kommt regelmäßig nur für **wenige Steuern**, v.a. die sog. „**Betriebssteuern**“ (dazu sogleich unter lit. aa) in Betracht.

Werden **Grundstücke** übertragen, so kann eine **Option zur Umsatzsteuer** (§ 9 UStG) ratsam sein. Dabei sind im Rahmen eines Unternehmenskaufes, der umsatzsteuerlich eine sog. „**Geschäftsveräußerung im Ganzen**“ (§ 1 Abs. 1a UStG) darstellt, gewisse **Besonderheiten** zu beachten (vgl. dazu im Detail oben unter Ziffer V.2e)aa) und bb).

ee) Regelung der möglichen Haftung des Käufers nach § 75 AO

Beim Erwerb eines „**Unternehmens**“ oder eines bestimmten Unternehmensteils „**im Ganzen**“ kommt eine **Haftung des Käufers** für die im Betrieb des Verkäufers begründeten „**Betriebssteuern**“ und die von dem Unternehmen einzubehaltenden und abzuführenden Steuern, die sog. **„Steuerabzugsbeträge"**, in Betracht (§ 75 AO). **Betriebssteuern** sind die **Gewerbesteuer**, die **Umsatzsteuer**, die **Kapitalertrag-** und die **Lohnsteuer**. Diese müssen seit dem **Beginn des letzten Jahres** vor Übereignung des Zielunternehmens **entstanden** sein. Auf die **Fälligkeit** der jeweiligen Steuer kommt es **nicht** an.

Der Umfang der **Haftung** ist dabei auf den „Bestand" des **übernommenen Vermögens beschränkt**. In **zeitlicher** Hinsicht greift die Haftung nur, soweit Steuern und Abzugsbeträge seit **Beginn des letzten vor der Übereignung liegenden Kalenderjahres** entstanden sind. Als relevanter **Übereignungstatbestand** gilt nur die **tatsächliche Übergabe** (Übergang von Nutzen und Lasten), **nicht** der **Vertragsschluss.**

Dieses Haftungsrisiko des Erwerbers wird regelmäßig durch entsprechende vertragliche **Garantien** (vgl. dazu bereits oben Ziffer II.5.b)) und **Freistellungsklauseln** adressiert.

ff) Regelung gegenseitiger Informations- und Kooperationspflichten

Die Steuerklausel sollte zudem stets eine Regelung enthalten, in welcher die wechselseitigen Informations- und Kooperationspflichten der Vertragsparteien geregelt sind:

Auszug aus einer Steuerklausel für einen Unternehmenskaufvertrag („Asset Deal") – Formulierungsbeispiel:

„§ 7 Steuern

7.8. Käufer und Verkäufer werden sich in Zusammenhang mit der Erfüllung aller aus dieser Ziffer 12 folgenden Pflichten wechselseitig sämtliche Informationen und Unterstützung in Bezug auf den Geschäftsbetrieb (einschließlich Zugang zu Büchern und Aufzeichnungen) gewähren, soweit diese erforderlich sind. Im Falle einer Betriebsprüfung und sonstiger Steuerverfahren, die die verkauften Vermögensgegenstände oder den Geschäftsbetrieb betreffen, werden die Vertragsparteien angemessen zusammenarbeiten."

3. Was muss steuerlich bei einem ertragsteuerlichen Share Deal (Verkauf der Anteile einer Kapitalgesellschaft) beachtet werden?

a) Welche Konstellationen gibt es?

Für den steuerlichen Share Deal können **drei Konstellationen** unterschieden werden:

Entweder werden die Anteile an der Kapitalgesellschaft durch eine **natürliche Person** als Gesellschafter (**Variante 1**) oder über eine **Personengesellschaft** (**Variante 2**) oder aber über eine weitere **Kapitalgesellschaft** (**Variante 3**) gehalten.

Die Anteile an der Kapitalgesellschaft können durch die **natürliche Person** (Variante 1) entweder in deren **Privatvermögen** oder deren **Betriebsvermögen** gehalten werden. Die **Personengesellschaft** als Gesellschafterin der Kapitalgesellschaft (Variante 2) kann entweder **gewerblich** oder aber rein **vermögensverwaltend** tätig sein.

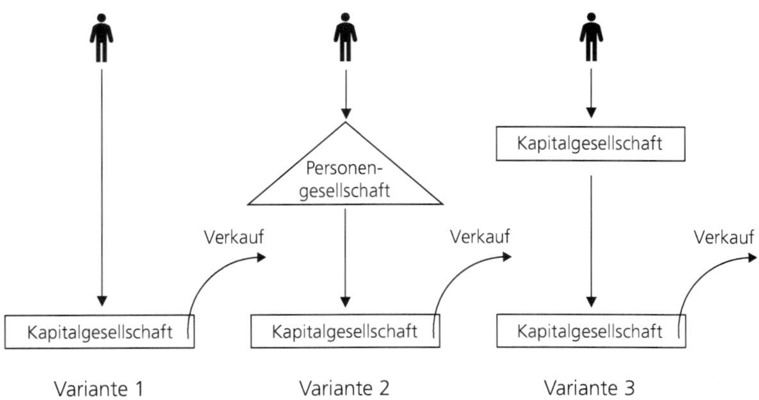

Abb. 1: Konstellationen beim Share Deal

Praxishinweis:
Vor der Veräußerung sollte stets geklärt werden, ob durch den Verkauf bestehende Haltefristen verletzt werden.
Dies ist insbesondere der Fall, wenn die fraglichen Anteile

- bei einem **Einbringungsvorgang** (§ 20 Abs. 2 Satz 2 UmwStG) entstanden sind und der maßgebliche Wertansatz unter dem **gemeinen Wert** (Buchwert oder Zwischenwert) lag. Hier droht eine **quotale Nachbesteuerung** (1/7 pro Jahr), sofern der Einbringungsvorgang **weniger als sieben Jahre** zurückliegt (§ 22 Abs. 1 UmwStG).
- durch einen **Anteilstausch** (§ 21 Abs. 1 UmwStG) unter Übertragung **stiller Reserven** auf die verkaufende Kapitalgesellschaft übergegangen sind. Auch hier führt ein Verkauf innerhalb von **sieben Jahren** nach Vollzug des Anteilstausches zu einer **rückwirkenden (quotalen) Besteuerung** (§ 22 Abs. 2 UmwStG).
- im Wege des **Erbgangs** oder der **Schenkung** auf den Veräußerer als steuerlich privilegiertes **Betriebsvermögen** (**Regel- oder Optionsverschonung** nach §§ 13a Abs. 1, 13b Abs. 2 ErbStG) übergingen. Diese steuerliche Privilegierung kann bei einer Veräußerung innerhalb von **fünf** bzw. **sieben Jahren** nach Erwerb anteilig entfallen (§ 13a Abs. 1, 6, 7, 8, § 19a Abs. 5 ErbStG).
- Gegenstand **öffentlich-rechtlicher Subventionen** in Form von Zuschüssen, Fördermitteln oder sonstigen Vergünstigungen waren, die mit bestimmten **Haltefristen** verknüpft sind.

b) Verkäufer ist eine natürliche Person (Variante 1)

Für die steuerliche Behandlung der Veräußerung muss in diesem Fall unterschieden werden, ob die Anteile an der Kapitalgesellschaft im **Betriebsvermögen** der natürlichen Person oder aber deren **Privatvermögen** gehalten werden.

aa) Anteile im Privatvermögen

Werden die Anteile an der Kapitalgesellschaft im **Privatvermögen** einer natürlichen Person gehalten, ist zu prüfen, ob es sich um eine **„wesentliche Beteiligung“** im Sinne des § 17 Abs. 1 Satz 1 EStG handelt. Dies ist der Fall, wenn innerhalb der letzten **5 Jahre** vor der Veräußerung eine Beteiligung an der Kapitalgesellschaft von **mindestens 1 %** bestand oder es sich um Anteile handelt, die zwar diese Kriterien nicht erfüllen, jedoch im Zuge eines (teilweise) steuerlich privilegierten **Umwandlungsvorganges** erworben wurden (§ 17 Abs. 6 EStG). Die Besteuerung des **Veräußerungsgewinns** erfolgt dann nach dem sog. **„Teileinkünfteverfahren“** (§ 3 Nr. 40 lit. a EStG).

Der Veräußerungsgewinn berechnet sich wie folgt:

Veräußerungspreis (60 %)	
./.	Veräußerungskosten (60 %)
./.	Anschaffungskosten (60 %)
=	Veräußerungsgewinn

Dabei werden jeweils nur **60 %** des **Veräußerungspreises** (§ 3 Nr. 40 lit. a) EStG) und der abziehbaren **Veräußerungs-** und **Anschaffungskosten** (§ 3c Abs. 2 Satz 1 EStG) berücksichtigt:

- **Veräußerungspreis** ist regelmäßig die im Unternehmenskaufvertrag festgelegte Geldzahlung. Unabhängig vom Zeitpunkt des tatsächlichen Zuflusses ist der Veräußerungsvorgang beim Veräußerer in dem Jahr steuerpflichtig, in welchem er das (zumindest) wirtschaftliche Eigentum an den Gesellschaftsanteilen erlangt hat.
- **Veräußerungskosten** sind sämtliche Aufwendungen, die nach dem Veranlassungsprinzip der Veräußerung zuzurechnen sind. Dazu gehören zum Beispiel auch die Anwalts- und Notarkosten oder Provisionen für M&A Berater.
- **Anschaffungskosten** sind sämtliche Aufwendungen des Veräußerers für den Erwerb des fraglichen Gesellschaftsanteils (dies umfasst u. a. die bei der Gründung der Gesellschaft übernommene Einlagever-

pflichtung, vom Gesellschafter selbst getragene Berater- und Notarkosten, Maklerprovisionen und eventuelle Gutachterkosten), sowie
- **Aufwendungen für den Erhalt** seiner Beteiligung während des Bestehens einer Gesellschafterstellung.

Kommt es in der Folge zu einer **Reduktion des Veräußerungspreises** durch späteren (teilweisen) **Ausfall** der Kaufpreisforderung oder aufgrund von **Gewährleistungsansprüchen** des Käufers, stellt dies ein sog. **„rückwirkendes Ereignis“** dar, das zu einer entsprechenden **rückwirkenden Änderung** des Veräußerungspreises führt (§ 175 Abs. 1 Satz 1 Nr. 2 AO).

Wird die Kaufpreisforderung **gestundet** und fallen zugunsten des Veräußerers **Zinsen** an, so sind diese als **Einkünfte aus Kapitalvermögen** (§ 20 EStG) steuerpflichtig und **nicht** nach § 17 EStG. Im Falle einer **zinslosen Stundung** ergibt sich der steuerliche Veräußerungspreis aus dem nach § 12 Abs. 3 BewG **abgezinsten Wert**.

Auch nachträglich entstandene Aufwendungen können als **nachträgliche Anschaffungskosten** den Veräußerungsgewinn mindern. Dies umfasst unter anderem Einzahlungen in die Kapitalrücklage ohne Ausgabe neuer Anteile (sog. ***„verdeckte Einlage“*** i.S.d. § 17 Abs. 2a Satz 3 Nr. 1 EStG). Einzahlungen des Veräußerers in das Kapital der Gesellschaft, die über das Fremdkapital hinausgehen (v.a. freiwillige Zuzahlung in die Kapitalrücklage), werden bei der Ermittlung der Anschaffungskosten gleichmäßig auf alle Anteile an der betroffenen Kapitalgesellschaft, die vom Veräußerer gehalten werden, aufgeteilt (§ 17 Abs. 2a Satz 5 EStG).

Auch der durch die Gesellschafterstellung veranlasste **Verzicht auf Gesellschafterforderungen** führt als verdeckte Einlage in Höhe ihres **gemeinen Wertes** zu nachträglichen Anschaffungskosten i.S.d. § 17 Abs. 2a Satz 3 Nr. 1 EStG, soweit die Forderung **werthaltig** war.

Praxishinweis:
Es ist zu beachten, dass bestimmte Arten von **Einlagen** seitens der Finanzverwaltung als ein **Missbrauch der Gestaltungsmöglichkeiten** (§ 42 AO) angesehen werden können. In diesem Fall dürfte die Einlage **nicht** als nachträgliche Anschaffungskosten **berücksichtigt** werden.

- Für sog. **„Cash-Einlagen in letzter Minute"** wurde ein solcher **Missbrauch** im Ergebnis von der Rechtsprechung und Finanzverwaltung **abgelehnt**. Hier erfolgten Einlagen in eine zu liquidierende Gesellschaft im Hinblick auf die Bedienung diverser Gesellschaftsgläubiger, um einen der Gesellschafter zu enthaften. Maßgeblich dürfte hier regelmäßig sein, dass die Zahlungen noch vor der Eröffnung des **Insolvenzverfahrens** erfolgen.
- **Umstritten** ist die Behandlung sog. **„Cash-Circle"**-Zahlungen, auch als „Hin- und Herzahlen" bezeichnet. Hier werden **Einlagen** im Hinblick auf eine anschließende Tilgung von (ggf. wertgeminderten) **Gesellschafterdarlehen** geleistet. Problematisch dürfte hier insbesondere eine reine **Aufrechnung** der Forderungen und Verbindlichkeiten **ohne tatsächliche Zahlung** sein.

Verluste aus der Gewährung von **Gesellschafterdarlehen** und **Ausfälle** gesellschaftsrechtlich veranlasster **Sicherheiten**, wie **Bürgschaften**, können unter bestimmten Voraussetzungen ebenfalls als **nachträgliche Anschaffungskosten** berücksichtigt werden (§ 17 Abs. 2a Satz 3 Nrn. 2 und 3 EStG). Eine **gesellschaftsrechtliche Veranlassung** ist nach der Finanzverwaltung „regelmäßig" gegeben, wenn ein **fremder Dritter** das Darlehen oder Sicherungsmittel bei sonst gleichen Umständen **zurückgefordert** und **nicht gewährt** hätte. Maßgeblich ist der **Fremdvergleich** mit einem Dritten (nicht zwingend einem Kreditinstitut).

Die **Höhe** der nachträglichen Anschaffungskosten beim Verlust eines **stehengelassenen Gesellschafterdarlehens** ergibt sich aus dessen **Teilwert** im Zeitpunkt des Stehenlassens (§ 17 Abs. 2a Satz 3 Nr. 2 Alt 2 EStG).

Praxishinweis:
In der Praxis wird ein solches Gesellschafterdarlehen in der Krise regelmäßig mit einem vertraglichen Rangrücktritt gewährt werden, zudem greift im Insolvenzfall der entsprechende gesetzliche Rangrücktritt. Soll verhindert werden, dass die Finanzverwaltung aus diesen Gründen den Teilwert mit 0 ansetzt, ist eine zeitnahe und umfassende Dokumentation aller Aspekte zu empfehlen, die für einen höheren Teilwert sprechen.

Ergibt sich ein **Veräußerungsverlust**, wird dieser nach den Grundsätzen des Teileinkünfteverfahrens ebenfalls nur **zu 60 %** steuerlich berücksichtigt (§ 3 Nr. 40 lit. c, § 3 Abs. 2 EStG).

Ein steuerlicher **Verlustabzug** ist allerdings **ausgeschlossen**, soweit er auf Anteile entfällt,

(1) die vom Veräußerer innerhalb der letzten **fünf Jahre** vor dem Zeitpunkt des Verkaufs **unentgeltlich** erworben wurden, es sei denn der Schenker hätte den Veräußerungsverlust geltend machen können (§ 17 Abs. 2 Satz 6 Nr. 1 EStG) oder
(2) die **nicht** über einen Zeitraum von mindestens **fünf Jahren** vor dem Verkauf zu einer **wesentlichen Beteiligung** (d. h. mindestens 1 %) gehört haben oder deren Erwerb nicht zur Begründung einer solchen wesentlichen Beteiligung geführt hat bzw. durch die zu einer solchen wesentliche Beteiligung aufgestockt wurde (§ 17 Abs. 2 Satz 6 Nr. 2 EStG).

Beträgt die Beteiligung an der Kapitalgesellschaft **weniger als 1 %** (sog. ***„Streubesitzanteil"***), so ist § 17 EStG **nicht anwendbar.** In diesem Fall wird der Gewinn mit einem Steuersatz von **25 %** (zzgl. Solidaritätszuschlag und ggf. Kirchensteuer) belastet (sog. **„Abgeltungsteuer"** – §§ 20 Abs. 2 Nr. 1, 32d Abs. 1 EStG). Der **steuerpflichtige Gewinn** ergibt sich in diesem Fall aus dem **Unterschiedsbetrag** zwischen den **Einnahmen** aus der Veräußerung nach Abzug

(1) der **Aufwendungen**, die im unmittelbaren sachlichen Zusammenhang mit der **Veräußerung** stehen, und
(2) der **historischen Anschaffungskosten**.

Der Abzug **von Werbungskosten** – mit Ausnahme des **Sparer-Pauschbetrags** – ist **ausgeschlossen** (§ 20 Abs. 9 Satz 1 HS. 2 EStG).

Entsteht ein **Veräußerungsverlust,** darf dieser **nur** mit Gewinnen aus **Kapitalvermögen**, jedoch **nicht** mit Gewinnen aus **anderen** Gewinneinkunftsarten **verrechnet** werden (§ 20 Abs. 6 Satz 1 EStG).

Bei vor dem **01. Januar 2009** angeschafften **Streubesitzanteilen** kommt weiterhin die **ursprüngliche Spekulationsfrist** des § 23 EStG zur Anwendung. Ein anfallender **Gewinn** aus der Veräußerung ist in diesem Fall **steuerfrei**. Ein etwaiger **Veräußerungsverlust** kann nur **zur Hälfte** steuerlich berücksichtigt werden (Anwendung des sog. ***„Halbeinkünfteverfahrens“***).

Praxishinweis:
Teilweise kann das generelle Verbot des Werbungskostenabzugs steuerlich ungünstig sein.
Ist die natürliche Person

- zu **mindestens 25 %** an der Kapitalgesellschaft beteiligt oder
- zu **mindestens 1 %** beteiligt und hat zugleich durch ihre **berufliche** Tätigkeit einen maßgeblichen unternehmerischen Einfluss auf die wirtschaftliche Tätigkeit der Kapitalgesellschaft kann sie zur Anwendung des Teileinkünfteverfahrens optieren (§ 32d Abs. 3 Nr. 3 EstG).

Dies ermöglicht die anteilige (60 %) Geltendmachung angefallener Werbungskosten.
Auch wenn der **Grenzsteuersatz** des Verkäufers nicht mehr als **41,66 %** beträgt, ist das **Teileinkünfteverfahren** günstiger.

bb) Anteile im Betriebsvermögen

Wird der Anteil an der Kapitalgesellschaft im **Betriebsvermögen** der natürlichen Person als Gesellschafter gehalten, gehört der Gewinn (oder Verlust) aus der Veräußerung zu den **betrieblichen Einkünften** (§§ 13, 15 oder 18 EStG). Es kommen damit die **allgemeinen Gewinnermittlungsvorschriften** zur Anwendung (§ 4 und § 5 EStG). Damit unterliegt der **Gewinn** – unabhängig vom Umfang der Beteiligung – dem **individuellen Steuersatz** des Verkäufers (§ 32a EStG).

Allerdings kommt auch hier das **Teileinkünfteverfahren** für den Veräußerungsgewinn zur Anwendung (§ 3 Nr. 40 lit. a) EStG). Vom Veräußerungserlös sind deshalb **40 %** steuerfrei. Zugleich können nach § 3c Abs. 2 S. 1 EStG die Veräußerungs- und Anschaffungskosten aber nur **zu 60 %** abgezogen werden, vgl. dazu im Detail oben Ziffer III.3.b)aa).

Wird die **100%-ige Beteiligung** an einer **Kapitalgesellschaft** veräußert, wird deren Veräußerung der Veräußerung eines **Teilbetriebs** gleichgestellt (§ 16 Abs. 1 Nr. 1 Satz 2 EStG). In diesem Fall ist der **Veräußerungsgewinn** entgegen dem allgemeinen Grundsatz **kein laufender betrieblicher** Gewinn, sondern gilt als **begünstigter Veräußerungsgewinn**, für den ggf. der **Freibetrag** nach § 16 Abs. 4 EStG sowie die **Tarifermäßigung** des § 34 Abs. 1 bzw. Abs. 3 EStG in Anspruch genommen werden kann, vgl. dazu bereits oben unter Ziffer III.2.c).

c) Verkäufer ist eine Personengesellschaft (Variante 2)

aa) Gewerbliche Personengesellschaft

Eine Personengesellschaft wird ertragsteuerlich als **gewerblich tätig** behandelt, wenn sie entweder Einkünfte aus **gewerblicher Tätigkeit** erzielt (§ 15 Abs. 3 Nr. 1 EStG) oder aber aufgrund ihrer **Struktur** (sog. **„gewerbliche Prägung"**) als gewerblich behandelt wird (§ 15 Abs. 3 Nr. 2 EstG).

Werden die **Anteile an der Kapitalgesellschaft** im **Betriebsvermögen** gehalten, kommt auch hier das **Teileinkünfteverfahren** zur Anwendung (vgl. dazu im Detail oben Ziffer V.3.b)bb)).

Auch in diesem Fall ist bei einer **100%-igen Beteiligung** an einer Kapitalgesellschaft die Regelung des **§ 16 EStG** und der Verweis auf § 34 EStG zu beachten (vgl. Ziffer V.3.b)bb)).

bb) Vermögensverwaltende Personengesellschaft

Erzielt die Personengesellschaft **keine betrieblichen Einkünfte** und ist sie auch **nicht gewerblich geprägt** (§ 15 Abs. 3 Nr. 2 EStG), so hat sie ertragsteuerlich **kein Betriebsvermögen.** In diesem Fall gibt es auch **kein Sonderbetriebsvermögen** der Gesellschafter. Vielmehr sind die von der Personengesellschaft gehaltenen Wirtschaftsgüter **anteilig** deren **Gesellschaftern zuzurechnen** (§ 39 Abs. 2 Nr. 2 AO). Es wird stets auf die Verhältnisse **beim einzelnen Gesellschafter** und **nicht** auf die der **Gesellschaft** selbst abgestellt.

Insofern ist für die steuerliche Behandlung des Veräußerungserlöses **entscheidend**, ob der **Gesellschafter** der vermögensverwaltenden Personengesellschaft seine Anteile an dieser im **Betriebsvermögen** oder im **Privatvermögen** hält.

In ersterem Fall liegen beim Verkauf der Kapitalgesellschaftsanteile **betriebliche Einkünfte** vor. Wird der Anteil an der vermögensverwaltenden Personengesellschaft dagegen im **Privatvermögen** gehalten, wird der Verkauf als **Einkünfte aus Kapitalvermögen** (§ 20 Abs. 2 EStG) beim jeweiligen Gesellschafter erfasst, es sei denn es handelt sich um eine **wesentliche Beteiligung** i. S. d. § 17 EStG, sodass das **Teileinkünfteverfahren** vorrangig anwendbar ist (§ 20 Abs. 8 EStG), vgl. dazu ausführlich bereits unter Ziffer V.3.b)aa).

d) Fällt Gewerbesteuer an?

Erzielt der Verkäufer als Einzelunternehmer oder die Mitunternehmerschaft grundsätzlich **gewerbliche Einkünfte**, unterliegt auch der Veräußerungsgewinn der **Gewerbesteuer**. Allerdings finden die einkommensteuerrechtlichen Grundsätze auch auf die Gewerbesteuer Anwendung (§ 7 Satz 1 GewStG), sodass nur **60 % des Veräußerungsgewinns gewerbesteuerpflichtig** sind. Eine **Kürzung** des gewerbesteuerpflichtigen Gewinns nach § 9 Nr. 2a GewStG erfolgt **nicht**, da die Vorschrift **nur für Gewinnausschüttungen** gilt. Die **Gewerbesteueranrechnung** des § 35 Abs. 1 EstG findet jedoch **Anwendung.**

e) Verkäufer ist eine juristische Person/ Kapitalgesellschaft (Variante 3)

Wird der fragliche Anteil nicht direkt durch eine natürliche Person, sondern durch eine **Kapitalgesellschaft**, z. B. in Form einer **Zwischenholding**, gehalten, ist die Kapitalgesellschaft ein **eigenständiges Steuersubjekt.**

Unabhängig von der Höhe der Beteiligung ist der entstehende Veräußerungsgewinn steuerfrei (§ 8b Abs. 2 Satz 1 KStG). Besteuert werden lediglich 5 % der nicht als Betriebsausgaben abziehbaren Ausgaben (§ 8b Abs. 3 KStG). Daraus folgt eine effektive Belastung mit Körperschaftsteuer i.H.v. 1,54 %.

Auch ein Anteil von **weniger als 10 %** unterfällt damit der **steuerlichen Privilegierung** des § 8b Abs. 2, 3 KStG. Dies unterscheidet die Besteuerung eines Veräußerungsgewinnes von **der Besteuerung laufender Einkünfte** aus der Beteiligung. Diese Einkünfte werden nur bei Erreichen einer **Mindestgrenze** von **mehr als 10 %** begünstigt (§ 8b Abs. 4 Satz 1 KStG).

Da sich der für die **Bemessung der Gewerbesteuer** maßgebliche **Gewerbeertrag** aus dem nach den Vorschriften des **KStG** ermittelten Gewinn des **Gewerbebetriebs** herleitet (§ 7 Satz 1 GewStG), gilt die **Steuerbefreiung i.H.v. 95 % auch** für **Gewerbesteuerzwecke**.

Die **Privilegierung des § 8b Abs. 2, 3 KStG** kann auch zur Anwendung kommen, wenn die Kapitalgesellschaft **als Gesellschafterin** die Beteiligung **mittelbar über eine Personengesellschaft** hält (§ 8b Abs. 6 Satz 1 KStG).

Ist eine **Kapitalgesellschaft** (**„Großmutter“**) über eine **Personengesellschaft** (**„Mutter“**) mittelbar an einer **Kapitalgesellschaft** (**Tochter**) beteiligt (vgl. Grafik unten), ist sowohl die Veräußerung des Anteils an der **Tochter-Kapitalgesellschaft** durch die **Mutter-Personengesellschaft**, als auch der **Teil des Veräußerungserlöses**, der bei der Veräußerung des **Anteils** an der **Mutter-Personengesellschaft** durch die **Großmutter-Kapitalgesellschaft** auf den Anteil an der Tochter-Kapitalgesellschaft entfällt, **steuerlich nach § 8b Abs. 2, 3 KStG privilegiert.**

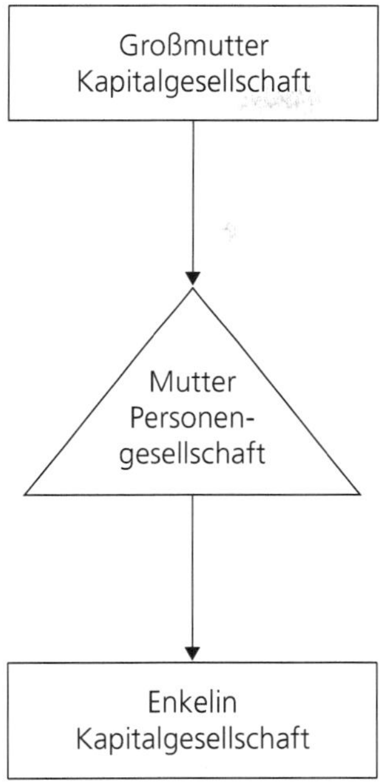

Abb. 2: Grafik Mittelbare Beteiligung KapGes (Großmutter-Mutter-Enkelin)

> **Praxishinweis:**
> Wurde der zu veräußernde Anteil an der Kapitalgesellschaft in früheren Jahren steuerwirksam auf einen **niedrigeren Teilwert** abgeschrieben und ist diese Gewinnminderung nicht zwischen-zeitlich durch den Ansatz eines höheren Teilwertes wieder ausgeglichen worden, **entfällt** jedoch die **steuerliche Privilegierung** (§ 8b Abs. 2 Satz 4 KStG).

Für Anteile, die von **Finanzunternehmen** (Kreditinstitute, Finanzdienstleistungsinstitute etc.) entweder **direkt oder mittelbar** über bestimmte **Holdingstrukturen**, an denen Finanzunternehmen zu **mehr als 50 %** beteiligt sind, gehalten werden, wird die **Anwendbarkeit** des **§ 8b Abs. 1, 2 KStG eingeschränkt** (§ 8b Abs. 7 KStG).

Praxishinweis:
Sofern Anteile an einer Kapitalgesellschaft **vor dem 01. Januar 2017** durch eine als **Holding** fungierende Kapitalgesellschaft erworben wurden, kann über § 8b Abs. 7 Satz 2 KStG a.F. die Anwendbarkeit der steuerlichen **Privilegierung** des § 8b Abs. 1, 2 KStG **weiterhin ausgeschlossen** sein (§ 34 Abs. 5 Satz 2 KStG).

Ein etwaiger Veräußerungsverlust ist steuerlich unbeachtlich (§ 8b Abs. 3 Satz 3 KStG). Dies gilt auch für Gewinnminderungen in Zusammenhang mit einem Gesellschafterdarlehen oder aus der Inanspruchnahme des Gesellschafters aus Sicherheiten bei Beteiligung einer Kapitalgesellschaft an einer anderen Kapitalgesellschaft, die 25 % übersteigt (§ 8b Abs. 3 Satz 4 KStG).

Auch für Zwecke der **Gewerbesteuer** ist der **Veräußerungsverlust nicht relevant** (§ 7 Abs. 1 GewStG i. V. m. § 8b Abs. 3 KStG).

f) Zusammenfassende Übersicht der Steuertatbestände

Tab. 3: Übersicht Besteuerung Share Deal

Die veräußerten Anteile befinden sich im		
Betriebsvermögen Kapitalgesellschaft	**Betriebsvermögen natürliche Person/ Mitunternehmerschaft**	**Privatvermögen natürliche Person/ vermögensverwaltende Personengesellschaft**
Veräußerungsgewinn ist steuerfrei (§ 8b Abs. 2 KStG). 5 % der nichtabziehbaren Betriebsausgaben wieder hinzuzurechnen (§ 8b Abs. 3 KStG) Ebenso für die Gewerbesteuer (§ 7 Abs. 1 GewStG). Die Höhe der Beteiligung ist für die Besteuerung des Veräußerungserlöses irrelevant.	Teileinkünfteverfahren: 60 % der Gewinne und Verluste unterliegen der Einkommen- und Gewerbesteuer (§ 3 Nr. 40 lit. c, § 3c Abs. 2 EStG).	„Wesentliche Beteiligung" i. S. d. § 17 EStG (≥ 1 %) Teileinkünfteverfahren: 60 % der Gewinne und Verluste unterliegen der Einkommen- und Gewerbesteuer (§ 3 Nr. 40 lit. c, § 3c Abs. 2 EStG). Keine wesentliche Beteiligung: 25 % Kapitalertragsteuer (§ 20 Abs. 2 Satz 1 Nr. 1, § 32d Abs. 1 EStG). Nur Sparer-Pauschbetrag (Euro 1.000); kein Abzug tatsächlicher Werbungskosten (§ 20 Abs. 9, § 2 Abs. 2 Satz 2 EStG).

g) Wie kann der Verkauf steuerlich optimal gestaltet werden?

aa) Wechsel des Besteuerungsregimes (§ 1a KStG i. V. m. § 217 Abs. 1 UmwG)

Sofern die individuelle Steuerlast im oberen bzw. obersten Bereich der Einkommensteuerprogression liegt, kann für den Gesellschafter einer Personengesellschaft ein Wechsel des Besteuerungsregimes ratsam sein, damit der Veräußerungserlös nach § 8b KStG (vgl. dazu oben Ziffer V.3.e)) besteuert werden kann. Durch den Antrag nach § 1a KStG i. V. m. § 217 Abs. 1 UmwG erfolgt für alle Ertragsteuern (Einkommensteuer, Gewerbesteuer – vgl. § 2 Abs. 8 GewStG) wie auch verfahrensrechtlich die Gleichstellung mit einer Kapitalgesellschaft, sog. „Optionsbesteuerung". Dieser Antrag sollte regelmäßig von einem separaten Antrag auf Fortführung der Buchwerte bzw. Zwischenwerte durch die fiktive Kapitalgesellschaft flankiert werden (§ 1a Abs. 1 Satz 2 KStG in Verbindung mit § § 22 Satz 1, 20 Abs. 2 Sätze 2 und 3 UmwStG).

Praxishinweis:
Bei der Option nach § 1a KStG kommen die Regelungen zum Formwechsel nach dem UmwStG zur Anwendung (§ 25 UmwStG). Dies bedeutet, dass die **Anteile** an der optierenden Personengesellschaft selbst für **sieben** Jahre **sperrfristbehaftet** sind (§§ 22 Abs. 1, 2 UmwStG).

Der Antrag zur Optionsbesteuerung wird dabei **nicht** durch den **einzelnen Gesellschafter** für dessen Gewinnanteil, sondern durch die **Personenhandelsgesellschaft selbst,** und zwar insgesamt für die **gesamte Gesellschaft**, gestellt (§ 1a Abs. 1 KStG). **Optionsberechtigt** sind die OHG, die KG (inklusive der GmbH & Co. KG) sowie die Partnergesellschaft und die eingetragene Gesellschaft bürgerlichen Rechts.

bb) Steuerbefreite Re-Investition des Veräußerungsgewinns (§ 6b Abs. 10 EStG)

Erfolgt der Verkauf der Kapitalgesellschaftsanteile aus dem Betriebsvermögen eines **Einzelunternehmers** oder einer **Mitunternehmerschaft**, kann der Veräußerungsgewinn über die **Re-Investitionsmöglichkeit** des § 6b Abs. 10 EStG bis zu einem Betrag von **Euro 500.000** gemindert werden. Dieser Betrag von Euro 500.000 stellt einen **Jahreshöchstbetrag** für alle Anteilsveräußerungen in einem Veranlagungszeitraum dar und kommt bei einer **Mitunternehmerschaft** für **jeden beteiligten**

Gesellschafter einzeln zur Anwendung (sog. **„gesellschafterbezogene Betrachtungsweise“**).

Wurden die Kapitalgesellschaftsanteile seit

- mindestens **sechs Jahren** vor der Veräußerung im
- **Anlagevermögen** einer
- **inländischen Betriebsstatte**
- gehalten, kann der **Veräußerungsgewinn** im **Wirtschaftsjahr der Veräußerung** oder in den folgenden **zwei** Wirtschaftsjahren („Re-Investitionsfrist“) auf die
- Anschaffungskosten eines **Kapitalgesellschaftsanteils** bzw. auf die
- Anschaffungs- oder Herstellungskosten eines **beweglichen Wirtschaftsgutes** oder
  im **Wirtschaftsjahr der Veräußerung** oder den folgenden **vier** Wirtschaftsjahren („Re-Investitionsfrist“) auf die
- Anschaffungs- oder Herstellungskosten eines **Gebäudes**

übertragen werden (§ 6b Abs. 4 Satz 1 Nr. 2 EStG).

Erfolgt die Übertragung nicht im gleichen Wirtschaftsjahr, wird zur steuerlichen Neutralisierung der Gewinnauswirkungen eine sog. „§ 6b EStG-Rücklage“ gebildet. Kann diese Rücklage nicht innerhalb der anwendbaren Re-Investitionsfrist auf ein begünstigtes Re-Investitionswirtschaftsgut übertragen werden, muss diese gewinnerhöhend aufgelöst werden. Hinzu kommt eine gesetzliche Verzinsung des als Re-Investitionsbetrag ausgewiesenen Veräußerungserlöses i.H.v. 6 % pro vollem abgelaufenen Wirtschaftsjahr (§ 6b Abs. 10 Satz 9 EStG).

Gerade im Hinblick auf die drohende **Verzinsung** bei ausbleibender Re-Investition sollte diese Gestaltungsoption daher **sogfältig abgewogen** werden.

cc) Veräußerungsumwandlungsmodell

Werden die zu verkaufenden Anteile an der Kapitalgesellschaft vor Veräußerung in Anteile an einer Personengesellschaft umgewandelt, kann zugunsten des Erwerbers ein erhöhtes Abschreibungsvolumen geschaffen werden. Denn beim Kauf eines Personengesellschaftsanteils werden steuerlich einzelne Wirtschaftsgüter erworben (vgl. oben Ziffer V.2.b)). Soweit es sich um abnutzbare Wirtschaftsgüter handelt, können diese steuermindernd abgeschrieben werden. Bei Anteilen an einer Kapitalgesellschaft handelt es sich dagegen um immaterielle, nicht abnutzbare Wirtschaftsgüter, die regelmäßig nicht Gegenstand einer ordentlichen Abschreibung sein können.

Dies kann mittels eines **Formwechsels nach § 190 UmwG** geschehen. Dieser Formwechsel ist zwar auf **Ebene der Kapitalgesellschaft** steuerneutral, kann aber auf **Gesellschafterebene** (d. h. beim **Veräußerer**) zu einem (steuerpflichtigen) **Übernahmegewinn** oder **Übernahmeverlust** und einer fingierten **Ausschüttung** der offenen Rücklagen führen (§ 4 Abs. 4 bis 7 bzw. § 7 UmwStG). Im Allgemeinen dürfte eine solche Gestaltung nur dann für den **Veräußerer** wirtschaftlich sinnvoll sein, wenn er älter als **55 Jahre** ist und einen Veräußerungsgewinn von nicht mehr als rund **Euro 5 Millionen** erzielt, sodass er die **Steuerbegünstigung des § 34 Abs. 3 EStG** nutzen kann. Zudem sollte der Veräußerer, an den zugunsten des Erwerbers entstehenden **positiven** steuerlichen **Effekten** über einen **entsprechend erhöhten Kaufpreis** partizipieren.

h) Welche Verkehrssteuern werden ausgelöst?

Für die folgenden Erläuterungen ist zu beachten, dass für die meisten gesetzlichen Regelungen im Bereich der **Verkehrssteuern** im Ergebnis **nicht die ertragsteuerliche**, sondern die **zivilrechtliche** Unterscheidung zwischen **Share Deal** und **Asset Deal** im Ergebnis maßgeblich ist (dazu bereits ausführlich oben unter Ziffer V.1.). Insofern gelten die folgenden Ausführungen sowohl für den Verkauf von **Anteilen** an einer **Kapitalgesellschaft** wie auch an einer **Personengesellschaft**.

aa) Wann fällt Umsatzsteuer an?

Der Verkauf von **Gesellschaftsanteilen** wird nur dann von der Umsatzsteuer erfasst, wenn er

(1) **umsatzsteuerbar** (§ 1 Abs. 1, § 2 Abs. 1, § 3 Abs. 9 UStG) und
(2) **umsatzsteuerpflichtig** (§ 4, eventuell § 9 UStG)

ist.

Zu (1) Im Rahmen bzw. in der **Vorbereitung** einer Transaktion muss stets geprüft werden, ob die zu **verkaufenden Anteile** sich umsatzsteuerlich im **unternehmerischen** oder im **nichtunternehmerischen** Bereich befinden. Das **bloße Erwerben, Halten und Veräußern** von gesellschaftsrechtlichen Beteiligungen ist per se **keine unternehmerische Tätigkeit** (Abschnitt 2.3 Abs. 2 Satz 1 UStAE). Dabei ist zu beachten, dass auch Kapitalgesellschaften grundsätzlich über einen **unternehmerischen** und einen **nichtunternehmerischen Bereich** verfügen können (Abschnitt 2.3. Absatz 2 Satz 4 UStG). **Rechtsformunabhängig** muss daher geprüft werden, **welchem dieser Bereiche** die zu verkaufenden Anteile zuzuordnen sind, da die Existenz eines ertragsteuerlichen **Betriebsvermögens** allein **nicht ausschlaggebend** ist.

Beschränkt sich die Tätigkeit zur Erzielung von Einnahmen auf das **Halten einer Beteiligung** und den Bezug von **Dividenden**, stellt dies regelmäßig **keine unternehmerische** Tätigkeit dar (Abschnitt 2.3 Abs. 2 Sätze 2f, Abs. 3 Satz 2 UStAE). Eine solche **reine „Finanzholding"** ist damit **kein Unternehmer** i. S. d. § 2 Abs. 1 UStG. Der Verkauf von Anteilen durch die Finanzholding ist damit **nicht steuerbar** und unterliegt **nicht** der **Umsatzsteuer**. Gleiches gilt, wenn ein **operativ tätiges Unternehmen** (das grundsätzlich die Merkmale des **umsatzsteuerlichen Unternehmers** i. S. d. § 2 Abs. 1 UStG erfüllt) **neben seiner unternehmerischen** Tätigkeit auch **Beteiligungen** anderer Gesellschaften **hält**. Auch hier sind diese Beteiligungen dem **nichtunternehmerischen Bereich** zuzuordnen, ein etwaiger Verkauf dieser Anteile damit ebenfalls **nicht umsatzsteuerbar** (Abschnitt 2.3. Abs. 2 Satz 4 UStAE).

Nur **so weit** die Holding im Sinne einer **einheitlichen Leitung** aktiv in das **laufende Tagesgeschäft** ihrer Tochtergesellschaften eingreift, ist sie **unternehmerisch** tätig. Dies ist z. B. auch dann der Fall, wenn die Beteiligung **nicht um ihrer selbst willen** gehalten wird, sondern der **Förderung** einer bestehenden oder beabsichtigten **unternehmerischen Tätigkeit** dient (sog. **„Führungs-** oder **Funktionsholding"** – Abschnitt 2.3. Abs. 2 Satz 3, Satz 5 UStAE mit zahlreichen Beispielen aus der Rechtsprechung des EuGH). Erfolgt eine solche geschäftsleitende Tätigkeit nur **gegenüber einigen** der Tochtergesellschaften, während sie die Beteiligungen an anderen Tochtergesellschaften lediglich **hält und verwaltet**, muss auch hier in einen **unternehmerischen und nichtunternehmerischen Bereich** aufgeteilt werden. Es handelt sich dann um eine sog. **„gemischte Holding“** (Abschnitt 2.3. Abs. 2 Satz 4 UStAE).

Nur wenn der zu verkaufende Anteil aus dem **unternehmerischen Bereich** des Gesellschafters stammt, handelt es sich um einen **umsatzsteuerbaren** Leistungsaustausch. Ist der Anteilsverkauf **nicht steuerbar** und unterliegt damit **nicht der Umsatzsteuer**, darf für die **Transaktionskosten keine Vorsteuer** geltend gemacht werden. Dies kann für den Verkäufer regelmäßig **wirtschaftlich nachteilig** sein.

Ergänzend ist zu beachten, dass auch bei einem zivilrechtlichen Asset Deal eine nicht umsatzsteuerbare Geschäftsveräußerung im Ganzen („GiG“) i. S. d. § 1 Abs. 1a UStG (vgl. bereits oben unter Ziffer V.2.e)aa)) vorliegen kann (Abschnitt 1.5 Abs. 9 UStAE). Dies ist der Fall, wenn der Geschäftsanteil Teil einer eigenständigen Einheit ist, die eine selbstständige wirtschaftliche Tätigkeit ermöglicht und diese Tätigkeit vom Erwerber fortgeführt wird. Auch wenn die Beteiligung nicht um ihrer selbst willen gehalten wird, sondern der Förderung einer bestehenden oder beabsichtigten unternehmerischen Tätigkeit dient, liegt eine Geschäftsveräußerung im Ganzen vor. Gleiches gilt, wenn die Beteiligungen im Sinne eines gewerblichen Wertpapierhandels gewerbsmäßig erworben und veräußert werden und dadurch eine nachhaltige, auf Einnahmeerzielungsabsicht gerichtete Tätigkeit entfaltet. Eine bloße Veräußerung von Anteilen ohne gleichzeitige Übertragung sonstiger Vermögenswerte reicht jedoch nicht aus.

Zu (2) Wird eine Beteiligung aus dem **unternehmerischen Bereich** der Gesellschafterin veräußert und liegt auch **keine Geschäftsveräußerung im Ganzen** vor, so ist die Transaktion **umsatzsteuerbar**. Allerdings ist die Veräußerung von Anteilen an Personen- und Kapitalgesellschaften nach § 4 Nr. 8 lit. f UStG von der **Umsatzsteuer befreit**. In diesem Fall ist der **Vorsteuerabzug** des Verkäufers insoweit **ausgeschlossen**, als Kosten im **direkten und unmittelbaren** Zusammenhang mit der steuerfreien Anteilsveräußerung stehen (15.22 Abs. 2 Satz 5 UStAE).

Um den **Vorsteuerabzug** zu ermöglichen, kann jedoch der Veräußerer grundsätzlich nach § 9 Abs. 1 UStG zur **Umsatzsteuerpflicht optieren.**

Damit würde auf den Kaufpreis entsprechend Umsatzsteuer anfallen (derzeit 19 %), was zu einer **substanziellen Erhöhung der Kaufpreissumme** führen würde. In der Praxis hat der **Erwerber**, insbesondere bei einer (teilweisen) Finanzierung des Kaufpreises, regelmäßig **kein Interesse** an der daraus folgenden Erhöhung seiner Zahlungspflichten. Insofern spielt die **Option zur Umsatzsteuer** in der **Praxis** regelmäßig **keine Rolle**. Sofern der Verkäufer allerdings die fraglichen Anteile selbst **umsatzsteuerpflichtig erworben** hat und deren Verkauf innerhalb der Frist des § 15a Abs. 1 Satz 1 UStG (**5 Jahre**) erfolgt, in welcher ein von ihm vorgenommener **Vorsteuerabzug zu korrigieren** wäre, muss hier regelmäßig ein entsprechender **Ausgleich der widerstreitenden Interessen** von Käufer und Verkäufer gefunden werden.

bb) Wann fällt Grunderwerbsteuer an?

Das Grunderwerbsteuerrecht ist aktuell (Stand Ende 2025) in einem **rechtsystematischen Umbruch**. Dies beruht zum einen auf der gesetzgeberisch gewollten laufenden **Verschärfung** einzelner Erwerbstatbestände unter dem Aspekt einer vorgeblich gesteigerten „Steuergerechtigkeit“, zum anderen auf dem (schrittweisen) Abschied vom Rechtsinstitut **„Gesamthand“** durch das zum 01. Januar 2024 in Kraft getretene Gesetz zur Modernisierung des Personengesellschaftsrechts (**„MoPeG“**).

Nach seinem **Grundgedanken** knüpft das Grunderwerbsteuergesetz für eine entsprechende Steuerpflicht an den **zivilrechtlichen Wechsel** des **Grundstückseigentümers** an. Da bei einem Grundstück, welches von einer Kapital-/Personengesellschaft gehalten wird, jedoch die zivilrechtliche **Eigentümerstellung** in Bezug auf das Grundstück grundsätzlich auch dann **gleich bleibt**, wenn **sämtliche Anteile** an der fraglichen Gesellschaft veräußert werden, hat der Gesetzgeber zur Aufrechterhaltung des Steueranspruchs in § 3 GrEStG entsprechende **Auffangtatbestände** geschaffen.

Hier kann grundsätzlich zwischen der

(1) Übertragung von Anteilen an der grundbesitzenden Personen- oder Kapitalgesellschaft (**„Anteilsbewegung“** – § 1 Abs. 2a bzw. 2b GrEStG) und der
(2) un-/mittelbaren Vereinigung von Anteilen an einer grundbesitzenden Personen- oder Kapitalgesellschaft (**„Anteilsvereinigung“** – § 1 Abs. 3 GrEStG) unterschieden werden.

Die **Anteilsvereinigung** kommt stets **subsidiär** zur Anwendung, wenn nicht bereits eine Besteuerung als **Anteilsbewegung** möglich ist. Kommt es zu einer **zeitlich gestaffelten** Übertragung, die **beide Übertragungsarten** berührt, geht die **Anteilsbewegung** als maßgeblicher Steuertatbestand vor (§ 16 Abs. 4a iVm. Abs. 5 Satz 2 GrEStG).

Nach dem neu in das Grunderwerbsteuergesetz aufgenommenen § 1 Abs. 4a GrEStG gehört ein Grundstück für **Erwerbsvorgänge ab dem 05.12.2024 dann** zum **Vermögen einer Gesellschaft**, wenn diese es aufgrund eines **Rechtsvorgangs nach § 1 Abs. 1 GrEStG** erworben hat. Dies umfasst insbesondere die **zivilrechtliche Übertragung** eines inländischen Grundstückes durch Kaufvertrag, Zwangsversteigerung u.ä.

Steuerschuldner ist bei der **Anteilsvereinigung** der **Erwerber** (§ 13 Nr. 5 lit. a GrEStG), bei Erwerbsvorgängen durch **Änderung des Gesellschafterbestandes** die jeweilige **Gesellschaft** (§ 13 Nr. 6 bzw. 7 GrEStG). Der jeweilige **Steuerschuldner** ist auch **anzeigepflichtig** (§ 19 Abs. 1 Nrn. 4–7 GrEStG).

(1) Gehen **innerhalb von 10 Jahren** unmittelbar oder mittelbar **mindestens 90 % der Anteile** an einer Personen- oder Kapitalgesellschaft, in deren Vermögen sich ein **inländisches Grundstück** befindet, auf neue Gesellschafter über, löst dies als **Anteilsbewegung** die Steuerpflicht nach § 1 Absatz 2a (Personengesellschaft) bzw. Absatz 2b (Kapitalgesellschaft) GrEStG aus.
(2) Die steuerpflichtige **Anteilsvereinigung** kann im Wege verschiedener Transaktionsstrukturen verwirklicht werden.

Zu unterscheiden sind:

- zivilrechtlicher Abschluss eines **Kaufvertrages** betreffend die Anteile an der grundbesitzenden Gesellschaft, durch welchen (erstmalig) mittelbar oder unmittelbar mindestens 90 % der fraglichen Gesellschaftsanteile in der **Hand eines Erwerbers vereinigt** werden (§ 1 Abs. 3 Nr. 1 GrEStG) oder
- zivilrechtlicher Abschluss eines **Rechtsgeschäfts**, das auf die mittelbare oder unmittelbare **Übertragung** von mindestens 90 % der Anteile an einer grundbesitzenden Gesellschaft gerichtet ist (§ 1 Abs. 3 Nr. 3 GrEStG).

> **Praxishinweis:**
> Nach Auffassung der Finanzverwaltung kann beim zeitlichen Auseinanderfallen von Rechtsgeschäften bei der Übertragung von Gesellschaftsanteilen (**Signing** und **Closing**) unter bestimmten Voraussetzungen **zweimal Grunderwerbsteuer** auf ein und denselben Lebenssachverhalt festgesetzt werden. Der **BFH** hat allerdings im Rahmen eines Verfahrens im vorläufigen Rechtsschutz **ernstliche Zweifel** an dieser Auffassung der Finanzverwaltung geäußert. Bei diesem Beschluss handelt es sich jedoch **nicht** um ein **rechtskräftiges** Urteil. Die weitere Entwicklung dieser kontrovers diskutierten Rechtsfrage ist daher **abzuwarten**.

Die **Attraktivität** des in der Vergangenheit häufig genutzten sog. **RETT** („**R**eal **E**state **T**ransfer **T**ax")-**Blockers** ist durch die aktuellen **Gesetzesänderungen** intentionsgemäß **deutlich gesunken**. Bei dieser Gestaltungsoption müssten nach aktueller Gesetzeslage unter Berücksichtigung vorangegangener Anteilsgewährung in einem **Zehnjahreszeitraum weniger als 90 %** übertragen werden (Vermeidung der tatbestandlichen Voraussetzungen des § 1 Absatz 2a oder 2b GrEStG) und **mehr als 10 %** der Anteile an der Grundstücksgesellschaft durch den Veräußerer (mind. 10,1 %) zurückbehalten werden (Vermeidung der tatbestandlichen Voraussetzungen des § 1 Abs. 3 Nr. 1 bzw. Nr. 3 GrEStG). **Vor der Gesetzesänderung** mussten nur ein **Fünfjahreszeitraum** berücksichtigt und nur **5,1 % der Gesellschaftsanteile** zurückbehalten werden. Es ist insofern ersichtlich, dass – basierend auf der neuen Gesetzeslage – die **praktische Umsetzbarkeit** dieses Modells in aller Regel **nur noch ausnahmsweise** möglich und dessen **wirtschaftliche Sinnhaftigkeit** zumeist **zweifelhaft** sein dürfte.

Nur ergänzend sei auf die Befreiungs- und Begünstigungstatbestände der § 5,6, 6a GrEStG für bestimmte Übertragungswege (z. B. zwischen Angehörigen) und Umstrukturierungen im Konzern hingewiesen.

Das Grunderwerbsteuergesetz in seiner aktuellen Form ist eine ausgesprochen **komplexe Materie**, die sich zudem **rechtsdogmatisch** in Bewegung befindet. Die Hinzuziehung eines entsprechend qualifizierten **Beraters** (**Rechtsanwalt/Steuerberater**) ist daher regelmäßig sehr zu empfehlen.

i) Was muss bei Abfassung der Steuerklausel beachtet werden?

aa) Wie muss eine Stichtagsregelung gestaltet sein?

Im Unterschied zur Mitunternehmerschaft wird der **körperschaftsteuerliche**, wie auch der **gewerbesteuerliche Gewinn** der **Kapitalgesellschaft selbst zugerechnet** (sog. **„Trennungsprinzip“**). Damit muss zwischen den Verkäufer und dem Käufer des Geschäftsanteils durch eine Art **„Stichtagsregelung“** geklärt werden, wem die **Gewinne** des laufenden Geschäftsjahres, in dem der Verkauf erfolgt, sowie die nicht ausgeschütteten Gewinne der vorhergegangenen Geschäftsjahre **zugewiesen** werden. Auch die zeitliche Zuordnung der **bestehenden** und **entstehenden steuerlichen Risiken** der Kapitalgesellschaft müssen im Kaufvertrag entweder den Käufer oder dem Verkäufer **zugewiesen** werden. Eine entsprechende **Regelung** ist regelmäßig für die abzuführenden **Sozialversicherungsbeiträge** ratsam.

Auszug aus einer Steuerklausel für einen Unternehmenskaufvertrag (Share Deal) – Formulierungsbeispiel:

„§ 7 Steuern

7.1. Der Verkäufer erstattet dem Käufer sämtliche bei der Zielgesellschaft anfallenden Steuern, die sich auf den Zeitraum bis zum Übernahmestichtag beziehen, soweit sie nicht vollständig bezahlt sind oder der verbindliche Zwischenabschluss der Zielgesellschaft zum Stichtag keine auf die anfallende Steuer bezogene Rückstellung oder in nicht ausreichender Höhe enthält. „Steuern" im Sinne dieses Vertrags sind alle Steuern gem. § 3 Abs. 1 AO, einschließlich darauf entfallender Zinsen, Säumniszuschläge und sonstiger Nebenleistungen. Sofern der zu einer Steuererhöhung führende Sachverhalt in den nächsten Veranlagungszeiträumen nach dem Übernahmestichtag zu einem Steuervorteil für die Zielgesellschaft oder den Käufer führt oder sofern es sich nur um eine Verschiebung der Besteuerungsgrundlagen zwischen verschiedenen Veranlagungszeiträumen handelt, sind diese Vorteile von der Verpflichtung des Verkäufers in Abzug zu bringen."

bb) Welche ergänzenden Regelungen sind ratsam?

Auch im Rahmen eines Share Deals ist zudem eine Klausel zur **Kooperation** und Zusammenarbeit der Vertragsparteien empfehlenswert, vgl. bereit oben Ziffer III.2.f)ff).

Ergänzend sollte noch geregelt werden, welche Vertragspartei, die zum Stichtag noch ausstehenden **Steuererklärungen** abgibt. Sofern dies durch den Käufer erfolgt, sollte dieser nur mit **Zustimmung des Verkäufers** etwaig bestehende **Wahlrechte** ausüben können.

VI. Wie viel ist mein Unternehmen wert?

1. Unternehmenswert und Unternehmenspreis

Neben aller juristischer und steuerlich-rechtlicher Rahmenbedingungen gibt es einen Aspekt des Unternehmensverkaufs, der den gesamten Verkauf in kurzer Zeit zum Scheitern bringen kann. Der entscheidende Punkt ist, welchen Betrag der Unternehmer für sein Unternehmen als Kaufpreis erhalten möchte und auf der anderen Seite, der Preis, den ein Käufer bereit ist zu zahlen. Diese Preisvorstellungen können unter Umständen weit auseinanderfallen.

Entscheidend ist: Es gibt nicht den einen objektiv nachvollziehbaren und für alle Fälle gültigen Unternehmenswert.

Der Wert unterscheidet sich hinsichtlich des Bewertungsadressaten, Zweck der Bewertung und vor allem hinsichtlich Annahmen, die im Rahmen der Bewertung getroffen werden. Insbesondere führen unterschiedliche Annahmen zur zukünftigen Unternehmensentwicklung regelmäßig zu abweichenden Bewertungen.

Für eine erfolgreiche Transaktion werden sich Verkäufer und Käufer auf einen Preis einigen. Der **Unternehmenspreis** ist das Ergebnis von **Angebot** und **Nachfrage** und ergibt sich aus der **individuellen Verhandlung** der Parteien. Als **Ausgangspunkt** und zur **Unterstützung** einer solchen Verhandlung ist die Bewertung des Unternehmens empfehlenswert.

Praxishinweis:

Ein seriöser und erfahrener Berater aus dem Berufsbild der Rechtsanwälte, Steuerberater und Wirtschaftsprüfer kann Sie im gesamten

Verkaufsprozess begleiten und ein optimales Verhandlungsergebnis vorbereiten.

Dazu kann ein entsprechendes **Gutachten** in Auftrag gegeben werden. Ein erfahrener Gutachter **erfragt** den **Zweck** des Gutachtens und stellt in dem Gutachten selbst den **Adressaten** des Gutachtens (z. B. Verkäufer), den **Zweck** des Gutachtens (z. B. Beratung im Rahmen der Kaufpreisfindung) und die zugrundeliegenden **Annahmen** dar. Insbesondere die **zugrundeliegenden Annahmen** in einem Bewertungsmodell bieten im Rahmen der Verhandlung **Spielraum** für Diskussionen. Ob ein Unternehmen **wachsen** wird bei einer gewissen Marktentwicklung oder ob eine Entscheidung im Rahmen des Produktionsprozesses zu **Kosteneinsparungen** führen kann, sind Gedanken, die im Verhandlungsprozess gut begründet werden sollten. In einem Bewertungsgutachten sind zudem die zu bewertende **Unternehmenseinheit** und der **Stichtag** dargelegt. Dieser gutachterlich ermittelte Wert ist als **Richtwert** zu verstehen und stellt die **Basis** für eine anstehende Verhandlung über einen Kaufpreis dar.

2. Welche Bewertungsmethoden gibt es?

a) Welche Bewertungsanlässe gibt es?

Es gibt **verschiedenste Bewertungsanlässe**, welche dem Unternehmer im Laufe seines Berufslebens begegnen können. Bewertungsanlässe ergeben sich aus unternehmerischer Initiative, aus Gründen gesellschaftsrechtlicher oder gesetzlicher Regelungen oder aus vertraglichen Vereinbarungen. **Unternehmerische Initiativen** sind z. B. der Kauf oder Verkauf von Unternehmen oder Unternehmensteilen, eine Fusion, die Zuführung von Eigen- oder Fremdkapital, Sacheinlagen oder ein geplanter Börsengang. **Vertragliche Verpflichtungen** ergeben sich z. B. bei Ein- und Austritten von Gesellschaftern aus Personengesellschaften, bei Erbauseinandersetzungen oder in Abfindungsfällen. Für die verschiedenen Bewertungsanlässe gibt es jeweils mehr oder weniger geeignete **Bewertungsmethoden**.

In diesem Buch wird im Folgenden ausschließlich die Bewertung anlässlich eines **Unternehmenskaufs bzw. -verkaufs** dargestellt.

b) Welche Bewertungsmethoden gibt es?

Für einen Gutachter ist es entscheidend, im Vorfeld die **Rahmenbedingungen** der Unternehmensbewertung zu ermitteln, um dann auch eine passende und sinnvolle **Bewertungsmethode** zu wählen.

Eine **Bewertungsmethode** ist ein **systematischer Ansatz** oder eine Technik zur Ermittlung des Wertes eines Objekts, eines Vermögenswerts, eines Unternehmens oder einer Sache, basierend auf verschiedenen Bewertungskriterien und -grundsätzen.

Die folgende Abbildung gibt einen Überblick der praxisrelevanten Methoden der Unternehmensbewertung.

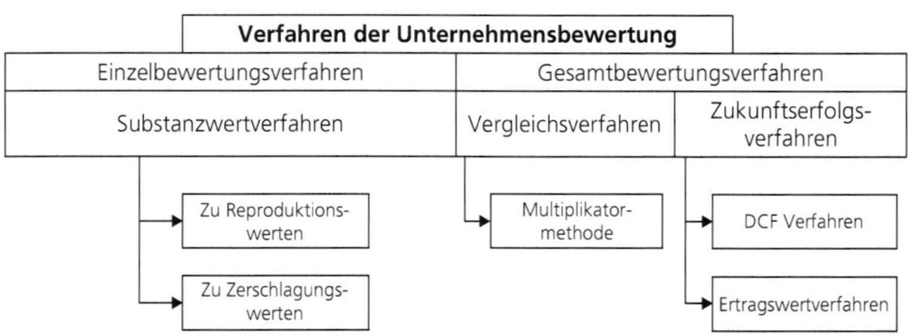

Abb. 3: Methoden der Unternehmensbewertung

aa) Substanzwertverfahren

Das „***Substanzwertverfahren***" ist eine Methode der Unternehmensbewertung, die den **materiellen Wert** eines Unternehmens ermittelt, indem **alle Vermögenswerte** (wie Immobilien, Maschinen) abzüglich aller Schulden zum **Verkehrswert** zusammengefasst werden. Das **Subs-**

tanzwertverfahren stellt eine **einfache** Methode zur Unternehmensbewertung dar. Es handelt sich um ein sog. **„Einzelbewertungsverfahren"**.

Es basiert auf der Annahme, dass die Vermögenswerte **einzeln verkauft** werden können, wobei **immaterielle Werte** wie interne Prozesse, Kundenstamm oder Markenname **unberücksichtigt** bleiben.

Das **Substanzwertverfahren** zu Reproduktionswerten ermittelt den Betrag, der aufzuwenden wäre, wenn das Unternehmen **heute** mit den **Vermögensgegenständen** und auch **Verbindlichkeiten wieder errichtet** werden würde.

Ein möglicher finanzieller Mehrwert aus der Fortführung des Unternehmens geht im Substanzwertverfahren nicht in die Wertermittlung ein. Bei Fortführung eines erfolgreichen Unternehmens wird dieses Verfahren den Unternehmenswert daher systematisch unterschätzen.

Ein **Spezialfall** des Substanzwertverfahrens ist die Bewertung zu Zerschlagungswerten, auch **Liquidationswert** genannt. Unter der Liquidation versteht man die **Zerschlagung des Unternehmens**, bei der alle bestehenden Forderungen und Verbindlichkeiten **abgewickelt** werden. Die Wertermittlung steht unter der Annahme, dass der sog. **„Going-Concern-Gedanke"** (d. h. die **Fortführung des Unternehmens**) aufgegeben wird. Im Unterschied zu den **Reproduktionswerten** (Bewertung zum **Beschaffungswert**) wird im Falle des Liquidationswerts der Absatzwert der jeweiligen Vermögenswerte und Schulden herangezogen. Der Liquidationswert hat insofern eine besondere Bedeutung, als dass er für einen Unternehmer oder Entscheidungsträger die **absolute Wertuntergrenze** darstellt. Auch der Gesetzgeber hat den Substanzwert im Bewertungsgesetz genannt und für steuerliche Zwecke als **Mindestwert** definiert (§ 11 Abs. 2 S. 3 BewG).

Auch hier zeigt sich wieder, dass man sich über den **Bewertungszweck** detailliert Gedanken machen sollte, um dann eine **sinnvolle Bewertungsmethode** mit **passenden Wertansätzen** wählen zu können.

Ein **Vorteil** der Substanzwertmethode ist die **einfache und einheitliche Anwendung**. Der Preis der einfachen Handhabung ist allerdings eine sehr **geringe Aussagekraft** und daraus folgend ein **sehr eingeschränkter Anwendungsbereich**. Für eine Bewertung im Rahmen von

Verkaufsplanungen eignet sich dieses Verfahren in aller Regel **nicht**. Wichtige Faktoren eines Unternehmens wie Marktposition, Markenname etc. finden keine Relevanz in diesem Konzept. Zudem werden unternehmerische Zusammenhänge nicht erfasst. Als **Mindestwert** und unter bestimmten Bedingungen hat der Substanzwert aber eine Daseinsberechtigung.

Beispiel 1:
Die Kochfit GmbH stellt mit **eigener Produktionshalle** Einbauküchen her. Ein Teil der Maschinen ist noch bei der Bank fremdfinanziert. Im Fall der Bewertung mit dem **Substanzwert** werden die vorhandenen Maschinen mit ihrem **aktuellen Marktwert** als Unternehmenswert angesetzt. Zudem wird der **Immobilienwert** der Produktionshalle ermittelt. Davon werden die **Bankdarlehen** abgezogen. Es lässt sich leicht erkennen, dass der aktuelle Eigentümer im Falle einer geplanten **Weiterführung des Unternehmens** (Going-Concern-Prämisse) einen Verkauf zum Substanzwert als unwirtschaftlich ablehnen würde. Im Falle einer Liquidation hat dieser Bewertungsansatz jedoch seine Berechtigung und liefert einen Anhaltspunkt für einen möglichen Liquidation-Verkaufs-Wert. In diesem Fall werden eben nicht das Unternehmen mit all seinen Prozessen und wirtschaftlichen Zusammenhängen als Einheit bewertet, sondern die einzelnen Vermögenswerte. Daher auch der Begriff *„Zerschlagungswert"*.

Beispiel 2:
Die selbstständige Physiotherapeutin U behandelt in angemieteten Praxisräumen ihre Patienten. Der mittels Substanzwertverfahren ermittelte Liquidationswert würde sich auf die Höhe des Wertes der Praxiseinrichtung beschränken. Möchte U oder ein potenzieller Nachfolger die Praxis fortführen ist dies ein für die Kaufpreisfindung ein offenkundig ungeeignetes Ergebnis, da Kundenstamm und Auftragsbuch nicht in die Bewertung einfließen.

Substanzwert als Reproduktions- oder Liquidationswert
Vorteil: einfache und einheitliche Handhabung
Nachteil: wenig Aussagekraft für aktive Unternehmen (Going-Concern)
Anwendungsfälle: im Liquidationsfall oder als absolute Wertuntergrenze

bb) Vergleichswertverfahren

Das „*Vergleichswertverfahren*" ist eine marktorientierte Methode der Unternehmensbewertung, bei der der Wert eines Unternehmens anhand von Preisen und Kennzahlen ähnlicher, kürzlich verkaufter Unternehmen bestimmt wird. Es wird im Bereich der Unternehmensbewertung auch als „Multiplikatorverfahren" bezeichnet, da auf Basis von beobachteten Markt-Multiplikatoren ein Unternehmenswert berechnet wird, indem eine Kennzahl des Unternehmens (z. B. Umsatz) mit einem entsprechenden Multiplikator versehen wird. In der Praxis sucht man vergleichbare Unternehmen, meist aus der gleichen Branche mit ähnlichen finanzwirtschaftlichen Rahmenbedingungen wie z. B. ähnliche Kostenstruktur. Die Bewertung auf Basis des Multiplikators wird häufig auf den Umsatz angewendet. Dies ist insbesondere sinnvoll bei Unternehmen mit vergleichbarer Kostenstruktur, wie z. B. Einzelunternehmer im Bereich der freien Berufe.

Praxishinweis:
Für einen schnellen Überblick oder kleinere, einfach strukturierte Unternehmen und Freiberufler ist diese Methode besonders gut geeignet.

Für einen ersten Eindruck und als **Daumenregel** ist der Ansatz des Vergleichswertverfahrens im Einzelfall durchaus geeignet. Insbesondere bei **einfach strukturierten kleineren Unternehmen** (z. B. Einzelunternehmen) kann über den Multiplikator eine **schnelle und einfache Einschätzung** des Unternehmenswerts vorgenommen werden. In diese Bewertung fließt allerdings eine **zukünftige Entwicklung** des Unternehmens **nicht ein. Wachstumsmodelle** oder in der Zukunft zu realisierende Investitionen finden **keine Berücksichtigung**. Bei einem einfach strukturierten Unternehmen und einer passenden Vergleichsgruppe kann das Verfahren als **wertvoller Startpunkt** für eine **Verhandlung** im Verkaufsprozess dienen.

Beispiel 1:
Die bereits erwähnte Kochfit GmbH stellt mit **eigener Produktionshalle** Einbauküchen her. Ein Teil der Maschinen ist noch bei der Bank **fremdfinanziert**. Im Falle der Bewertung durch das Vergleichswertverfahren wird ein zur Branche passender **Multiplikator** auf den Umsatz angewendet. Der Multiplikator sollte zusammen mit einem entsprechenden Spezialisten gewählt werden. Für die Immobilie müsste eine entsprechende Zusatzbewertung vorgenommen werden, soweit sie denn notwendiges Betriebsvermögen darstellt und Teil des Verkaufs ist.

Beispiel 2:
Für die Praxis der selbstständigen **Physiotherapeutin U** ergibt sich durch dieses Verfahren auch ein **sinnvoll nutzbarer Unternehmenswert**. Die Kostenstruktur bei solchen Einzelpraxen ist oft **überschaubar**, wenig komplex und daher auch gut vergleichbar. Die Faktoren für solche Praxen sind oft gut anwendbar und der Vergleichswert gibt einen **guten Anhaltspunkt** für einen Unternehmenswert.

Vergleichswertverfahren
Vorteil: einfache und leicht verständliche Handhabung
Nachteil: mittlere Aussagekraft, nicht für jedes Unternehmen sinnvoll oder mangels Faktoren von Vergleichsunternehmen durchführbar
Anwendungsfälle: freie Berufe und einfach strukturierte Einzelunternehmen

cc) Ertragswertverfahren

Das „*Ertragswertverfahren*" gehört (neben dem sog. „Discounted-Cashflow-Verfahren") in die Kategorie der Zukunftserfolgsverfahren. Es gehört mit zu den gängigsten Verfahren im Rahmen der Unternehmensbewertung und war lange Jahre das anzuwendende Standardverfahren. Das Verfahren ist auch speziell in den IDW-Standards für Wirtschaftsprüfer geregelt, welche als offizielle Leitlinien für die Einheitlichkeit und Qualität der Arbeit der Wirtschaftsprüfer anerkannt sind. Das investitionstheoretisch entwickelte und daher auch etwas mathematisch anmutende Verfahren überzeugt trotz der Komplexität aus verschiedenen Gründen. Zum einen lässt es zukünftige Entwicklungsmöglichkeiten in den Unternehmenswert mit einfließen. Zudem kann das Verfahren individuelle Besonderheiten beispielsweise in der Kostenstruktur berücksichtigen.

Praxishinweis:
Das Vertragswertverfahren liefert in der Praxis belastbare Ergebnisse für größere Unternehmensstrukturen und ist weitestgehend anerkannt. Eine Bewertung nach diesem Modell sollte ein Spezialist mit Erfahrung in diesem Bereich erstellen, um Verwerfungen in der Bewertung zu vermeiden.

Das Ertragswertverfahren aus der Investitionsrechnung ist im Grunde eine spezielle Anwendung der sog. „***Kapitalwertmethode***". Anhand der Kapitalwertmethode können **verschiedene zukünftige Zahlungsströme** miteinander verglichen werden.

Der Unternehmenswert wird somit anhand der **zukünftig erwarteten Zahlungsströme** aus dieser Investition (Unternehmenskauf) ermittelt. Die Zahlungsströme sind z. B. die **Ausschüttungen** an den Eigentümer, welche anhand von Planungsrechnungen abgeschätzt werden. Dazu werden die zukünftige Entwicklung und die damit zu erwirtschaften Gewinne und abgeleiteten Zahlungsströme für ein Unternehmen geplant. Diese zukünftigen Zahlungsströme werden mit einem **Diskontierungsfaktor** auf den Stichtag abdiskontiert.

Der Unternehmenswert basiert auf folgender Formel:

Grundformel des Ertragswertverfahrens

$$W = \sum_{t=1}^{T} \frac{E_\tau}{(1+i)^\tau}$$

Mit:

W = Wert des Unternehmens
E = Einzahlungsüberschüsse
i = Diskontierungsfaktor
t = Periodenindex (mit t = 1,2,...,T)

Man erkennt, dass neben den geplanten Zahlungsströmen aus dem Unternehmen der **gewählte Zinssatz** (sog. ***„Diskontierungsfaktor"*** oder auch **„Kalkulationszinsfuß"**) eine enorme Bedeutung für den Unternehmenswert hat.

Der **Diskontierungsfaktor** stellt grundsätzlich erstmal den Zinssatz dar, den ein Unternehmenskäufer (als potenzieller Investor) am Markt mit einer **Alternativinvestition** erzielen könnte. Der Zinssatz ermöglicht damit den **Vergleich** zwischen den Alternativen „Investition in das Unternehmen" und „Investition in ein vergleichbares Produkt am Markt".

Als nahezu **risikolose Investition** wird oft die **Staatsanleihe** genannt. Man könnte also den Zinssatz, der sich aus einer Investition in eine Staatsanleihe ergibt als Diskontierungssatz im Rahmen der Unternehmensbewertung heranziehen. Die Staatsanleihe ist dann in dem Fall die **Alternativinvestition** mit der die Investition in das Unternehmen verglichen wird. Verwendet man als Diskontierungssatz einen Zinssatz einer risikolosen Vergleichsinvestition spricht man von dem ***„vereinfachten Ertragswertverfahren"***.

Nun ist ein **Unternehmenskauf nicht risikolos** und die zukünftig geplanten Zahlungsströme aus dem Unternehmen sind auch bei bester Planung immer mit einem Risiko behaftet. Daher kann die oben beschriebene Ermittlung eines Unternehmenswerts nach dem vereinfachten Ertragswertverfahrens auch nur eine **ungefähre Vorstellung** von einem möglichen Unternehmenswert darstellen.

Um dieser Schwäche des Modells abzuhelfen, wurde in Ergänzung ein **Risikozuschlag** zu dem risikolosen Zinssatz entwickelt. Dieser Zuschlag berücksichtigt das **jeweilige Risiko** der Investition in das **individuelle Unternehmen.** Er kann **Branchenrisiken** abbilden und auch **individuelle Unternehmensrisiken** (z. B. Patentstreitigkeiten). Es gibt **verschiedenste Ansätze**, wie dieser Risikozuschlag zu ermitteln ist. Um den inhaltlichen Rahmen des vorliegenden Buches nicht zu sprengen sei hier nur auf die Grundproblematik des Risikozuschlags hingewiesen. Im Fall einer Unternehmensbewertung sollte sich der potenzielle Käufer oder auch der Verkäufer an einen **Spezialisten** in Form eines Wirtschaftsprüfers wenden um einen entsprechend belastbaren Unternehmenswert ermitteln zu lassen.

Beispiel 1:

Der Küchenhersteller Kochfit GmbH verfügt über eine eigene Produktionshalle. Ein Teil der Maschinen ist noch bei der Bank fremdfinanziert. Mit der Geschäftsführung wird eine Unternehmensplanung für die nächsten drei bis fünf Jahre entwickelt. Diese ergibt einen Plan-Gewinn und daraus einen Plan-Cashflow.

Tab. 4: Unternehmensplan Kochfit GmbH

Berechnungen Unternehmenswert	t = 1 (Ist)	t = 2 (Ist)	t = 3 (Plan)	t = 4 (Plan)	t = 5ff. (Plan)
Umsatz	100	120	110	120	130
Kosten	80	85	85	90	100
Überschuss = E (nach allen Steuern)	20	35	25	30	30 (ewige Rente)
i (vereinfachte Annahmen)			0.1 = 10 %		
Gegenwartswert t_0	18,18	28.93	18.78	20.49	186.27[3]

3 Bei einem Unternehmen unter der Annahme „going-concern“ wird Jahr 5 als ewige Rente unterstellt. Die Formel für den Gegenwartswert in t = 5 ist $\frac{E}{i}$

$$W = \sum_{t=1}^{T} \frac{E_\tau}{(1+i)^\tau}$$

$$W = 18{,}18 + 28{,}93 + 18{,}78 + 20{,}49 + 186{,}27 = 272{,}73$$

Nach dem Ertragswertverfahren liegt der Unternehmenswert der Kochfit GmbH bei ca. 273 Geldeinheiten.

Ertragswertverfahren
Vorteil: genauere und individuelle Ermittlung möglich unter Berücksichtigung von zukünftigen Entwicklungspotentialen bzw. Annahmen
Nachteil: komplexe Ermittlung unter Inanspruchnahme von Beratern
Anwendungsfälle: mittelständische Unternehmen

dd) Discounted-Cashflow-Verfahren (DCF-Verfahren)

Das aus den USA entwickelte sog. ***„Discounted-Cashflow-Verfahren“*** (auch ***„DCF-Verfahren“***) ist, genau wie das Ertragswertverfahren, Teil der Zukunftserfolgsverfahren und basiert auf Annahmen zur **zukünftigen Entwicklung** eines Unternehmens. Die Grundidee und die Grundformel des DCF-Verfahren ist dem des Ertragswertverfahrens sehr ähnlich. Auch hier werden zukünftige geschätzte **Zahlungsströme** mit einem **Zinssatz abdiskontiert.**

Das DCF-Verfahren legt seinen **Schwerpunkt** auf die **Ermittlung** und die **Verfeinerung** der Wahl des Zinssatzes und orientiert sich an den Regeln der **Kapitalmarkttheorie**, die für börsengehandelte Unternehmen und andere Wertpapiere entwickelt wurde. Das DCF-Verfahren leitet den Diskontierungssatz aus dem sog. **„Capital Asset Pricing Model (CAPM)“** ab. Das CAPM geht davon aus, dass Investoren für **höheres** systematisches **Risiko** (gemessen durch den Beta-Faktor, der die Korrelation mit dem Markt misst) eine **höhere Rendite** erwarten und diese Rendite aus einer Kombination der risikolosen Rendite sowie einer Marktrisikoprämie berechnen. Die Anwendung der Kapitalmarkttheorie ist auf börsengehandelte Unternehmen und Wertpapiere ausgelegt und unterstellt entsprechende Rahmenbedingungen. Dieses Verfahren weist für **kleine bis mittelständische Unternehmen** daher **deutliche Schwächen** auf und führt nicht unbedingt zu genaueren Unternehmenswerten. Insbesondere der Umstand, dass der **Eigentümer** von kleineren und mittleren Unternehmen regelmäßig **seine Fähigkeiten und seine Arbeitsleistung** in das Unternehmen einbringt wird in diesem Modell **nicht angemessen** berücksichtigt. Zudem macht die **hohe Komplexität** der Berechnungen eine Anwendung nur unter Inanspruchnahme **entsprechender Spezialisten** möglich.

Discounted-Cashflow-Verfahren
Vorteil: sehr genaue Ermittlung unter Berücksichtigung von individuellen Risikoprofilen
Nachteil: sehr komplexe Ermittlung unter Einsatz von Spezialisten
Anwendungsfälle: börsennotierte Unternehmen

ee) Zusammenfassung

Zusammenfassend lässt sich sagen, dass für jede Unternehmensgröße und Struktur das passende Bewertungsverfahren anzuwenden ist, um optimale Ergebnisse zu erzielen und in der Verhandlung eine gesunde Basis zu haben. Eine **gute Vorbereitung** und **belastbare Bewertung** können in der **Preisverhandlung** um den Unternehmenskaufpreis den entscheidenden Unterschied ausmachen.

3. Wie kann die Unternehmensbewertung vorbereitet werden?

Auf Basis der oben beschriebenen theoretischen Kenntnisse ist es im Rahmen der Vorbereitung auf einen möglichen Unternehmensverkauf ratsam, zunächst einen **groben Preisrahmen** zu ermitteln. Man sollte sich dazu beispielsweise **folgende Fragen** stellen:

(1) Was ist der Mindestbetrag, den ich für mein Unternehmen erzielen möchte, um danach mit einem guten Gefühl den Schlüssel übergeben zu können?

(2) Habe ich hohe Substanzwerte aus betriebsnotwendigen Anlagegütern?
(3) Was sind meine immateriellen Vermögenswerte?
(4) Welche Investitionen wären ratsam oder notwendig, wenn das Unternehmen fortgeführt werden soll?
(5) Welchen persönlichen Beitrag leiste ich für den Unternehmenserfolg und inwieweit kann das ein fremder Dritter ersetzen?
(6) Wie ist meine persönliche Einschätzung zur Marktentwicklung?
(7) Welches sind meine stärksten Konkurrenten?
(8) Gibt es Risiken die die Unternehmensfortführung und damit die sog. „Going-Concern-Prämisse", gefährden (z. B. Patentrechte oder offene Rechtsstreitigkeiten)?
(9) Gibt es andere Risiken, die mein Unternehmen in Zukunft beeinflussen (z. B. Zinsrisiken aus Refinanzierungsdruck; Altersstruktur der Key-Mitarbeiter)?

Bei größeren Unternehmen werden solche Fragen im Rahmen einer sog. **„Due-Diligence-Prüfung"** gestellt und entsprechend dokumentiert. Es gibt verschiedene spezielle **Due-Diligence-Prüfungen**, z. B. tax-due-diligence oder legal-due-diligence. Durch diese sollten **bestehende Risiken** und steuerliche bzw. rechtliche **Problemstellungen** im Unternehmen identifiziert und im Ergebnis entsprechend berücksichtigt werden. Diese werden oft im weiteren Verkaufsprozess durch einen potenziellen Käufer beauftragt, um die Informationsasymmetrie auszugleichen. Themen aus der Due-Diligence-Prüfung werden von der Käufer-Seite oft als **kaufpreismindernd** angebracht. Insofern ist eine gute **Vorbereitung** der Verkäuferseite in Zusammenarbeit mit seinem Berater **empfehlenswert.**

Ebenfalls ist es ratsam schon im **Vorfeld** eine **Unternehmensplanung** für die nächsten **drei bis fünf Jahre** zu erstellen. Basis darf die aktuelle **Gewinn- und Verlustrechnung** oder **BWA** auf aggregierter Ebene sein. **Planannahmen** (z. B. Umsatzwachstum von 15 % bei gleichzeitigem Personalkostenanstieg von 5 %) sollten **gut durchdacht** und vor allem **dokumentiert** werden.

Wenn ein potenzieller Käufer Interesse bekundet, ist eine **Kontaktaufnahme** zu einem **Wirtschaftsprüfer** oder erfahrenen **Steuerberater** ratsam, um eine entsprechende **Unternehmensbewertung** erstellen zu lassen. Diese wird immer einen möglichen **Maximalwert** darstellen, um im Rahmen der Verhandlung eine für den Verkäufer **optimale Grundlage** zu bieten.

> Ziel ist es, den maximal möglichen Unternehmenspreis in der Verhandlung zu erzielen.

Stichwortverzeichnis

L

M

N

O

P

Q

R

S

Autorenübersicht

RA/FAfHGesR Dr. Freddy Kedak

Dr. Freddy Kedak, Mag. iur. ist Rechtsanwalt und Fachanwalt für Handels- und Gesellschaftsrecht. Er hat langjährige internationale Erfahrungen als Justiziar bei börsennotierten und mittelständischen Unternehmen und war als Rechtsanwalt bei führenden internationalen Wirtschaftskanzleien tätig. Er berät mittelständische Unternehmen, Start-ups, Investoren und vermögende Privatpersonen in allen wirtschaftsrechtlichen Belangen. Herr Dr. Kedak ist Inhaber der auf Gesellschaftsrecht, Prozessführung, M&A, Private Equity und Venture Capital spezialisierten Anwaltsboutique KEDAK.Unternehmensrecht und Of Counsel bei der internationalen Corporate Finance Beratung PULSAR Consulting Group.

RA/StB Dr. Andreas Wagenseil, Dipl.-Kfm.

Dr. Andreas Wagenseil ist Geschäftsführer und Gründungsgesellschafter der PULSAR Consulting GmbH Rechtsanwalts- & Steuerberatungsgesellschaft in München. Er berät mittelständische Familienunternehmen und Familienunternehmer in rechtlichen und steuerlichen Fragen, insbesondere in Zusammenhang mit Unternehmensübergaben und -verkäufen. Er ist zertifizierter Testamentsvollstrecker (AGT). Seit 2007 ist er an der ADI (Akademie der Immobilienwirtschaft) als Dozent für das Fach Immobilienbesteuerung tätig.

StB/WP Katharina Grote

Frau Grote ist Wirtschaftsprüferin und Steuerberaterin und ist langjährig als Unternehmensberaterin im Finanzbereich tätig. Sie ist spezialisiert auf Prozessoptimierung und Gestaltung sowie Neuausrichtung von Finanzprozessen auf digitale und automatisierte Lösungen zur Kostensenkung. Sie berät zudem kleine und mittelständische Unternehmen im Rahmen von Verkäufen, Käufen und Übergaben. Frau Grote ist Inhaberin einer Steuerberatungs- und Wirtschaftsprüfungskanzlei in Buchloe bei Landsberg am Lech mit einem ausgewählten Team für zukunftsorientierte Finanzprozesse.